0歳から
始められる！

子どもの未来を広げる「おやこえいご」

バイリンガルを育てる幼児英語メソッド

金城学院大学教授
おやこえいごくらぶ代表
小田せつこ
Setsuko Oda

はじめに

本書を手にしていただきまして、ありがとうございます。名古屋市で幼児から小学生までの英語教室「おやこえいごくらぶ」を運営している小田せつこです。

私は、中学1年生のときに初めて英語に出会いました。それから、あっという間に英語の虜《とりこ》になってしまい、これまで大手英会話教室、大手児童英語教室、私立中学校・高校・大学・大学院で英語を教えてきました。そして現在も、名古屋にある大学で、将来教師になる学生たちに英語を教えています。

私は2人の子ども（娘と息子）を授かると「子どもたちには、小さいうちから英語に触れさせたい」と思って子育てを始めました。とはいえ、家の中の会話は英語オンリーとか、学校はインターナショナルスクールといった、特殊な英語教育をしたわけではありません。

私が行ったのは、子どもと接する毎日の生活の中に、少し英語を取り込むことでした。どのご家庭でも行っていること――たとえば、**絵本の読み聞かせやアニメの視聴などを、子どもと一緒に英語で楽しむようにした**のです。

結果的に、子どもたちはバイリンガルに育ちました。私は「将来は２人とも、交換留学くらいするのかな」と漠然と思っていた程度だったのですが、子どもたちは２人とも海外の高校・大学に進学することになりました。ちなみに、言語面では全く不自由なく過ごしていたようでした。そのうえ、それぞれ第二外国語もある程度身に付けることができ(娘は中国語、息子はフランス語)、現在では２人とも日本で専門職に就き、グローバルに働いています。

私は、英語を楽しみながら、たくましくバイリンガルに育った子どもたちを見て、「自分の子どもたちにしたように、全ての子どもたちをバイリンガルに育ててあげたい」という思いを募らせました。そして、２０１３年、幼児から小学生までの英語教室「おやこえいごくらぶ」のレッスンをスタートさせたのです。

近年では英語の需要が高まり、子どもの英語教育も注目されるようになってきました。おかげで、幼児向けの英語教育について書かれた書籍や、英語を取り入れた育児を行っているママのブログなどが一気に増えました。私が子育てをしていた頃に比べて、本当に多くの情報が手に入る便利な時代です。

ただ、「子どもの英語教育」と一言で言っても、その中身は多種多様。なかには、「3歳で英語ペラペラのちびっこバイリンガル」や「日本最年少で英検1級取得」を目指すような親御さんもいるかもしれません。でも、先ほど私の子育てについてお話ししたとおり、私はそんな極端な英語教育を勧めるつもりはありません。**私が勧める子どもの英語教育「おやこえいご」は、「ムリなく、ムダなく、18歳でバイリンガルに！」がモットーです。**

●英語は親から子どもへのプレゼント

「18歳でバイリンガルなんて、まだずっと先の話だ」と感じるかもしれません。しかし、子ども自身が「英語ができてよかった」と本当に実感するのは、人生の選択を始める18歳頃からでしょう。大学進学や職業などを考えるこの時期、「英語ができる」ことは子どもの人生の選択肢をぐっと増やしてくれます。

私は、**「英語は親から子どもへのプレゼント」**だと思っています。子どもの英語教育のゴールは、子どもに英語という強い味方を与え、子どもの将来の選択肢を増やすことではないでしょうか。子どものうちから英語に慣れ親しむことは、将来の英語学習のハードルをぐんと下げてくれます。それによって、本来なら英語に割く時間やエネルギーを、あなたの子どもは「自分の好きなこと」に注ぐことができるようになるのです。

ただ、このプレゼントは、子どもにせがまれてから渡すようでは遅すぎますし、子どもに押し付けるように渡すのもよくありません。**理想は、子どもたちが気付いたときには「生活の一部に英語が当たり前にあった」という環境を作ること**です。

こうした環境を作り、子どもたちが自然に英語というプレゼントを享受できるようにするためには、**子どもの発達段階に合った英語とのふれあいが大切**です。ちなみに、英語のルール（文法やフォニックス）の理解を急ぐことや、単語の暗記をさせることは子どもの発達段階に不相応ですから、これらを幼児期に行うのは非効率的。何より、無理やりやらせて、子どもたちが英語を嫌がってしまっては本末転倒です。

幼児期にふさわしいのは、**「親子で楽しみながら英語に慣れ親しませること」**です。幼児期の子どもたちは「新しいものに対する柔軟性」を備えているだけでなく、非常に高いレベルの「英語の音に対する柔軟性」も持っています。これらは、大人が持っていない貴重な能力ですから、**幼児期には英語をたくさん聞かせることで、英語の音をインプットし、英語の理解能力をつけさせることが効果的**です。この時期に、たくさん英語に触れて楽しむことができた子どもたちは、将来どんどん英語力を伸ばしていくことができるでしょう。

●パパママに伝えたい「ムリなく、ムダなく」

「おやこえいご」のモットーは「ムリなく、ムダなく、18歳でバイリンガルに！」だとお伝えしました。この「ムリなく、ムダなく」はいろいろな意味を含みますが、第一に**「パパママが、ムリすることなく、ムダな労力を使うことなく」**ということです。

子どもの英語教育に熱心な親御さんほど、「子どもの宿題を見てあげられていない」などと、自分を責めてしまう方が多いように感じます。でも、英語云々の前に、子育ては本当に大変なこと。子どもにご飯を食べさせ、外で遊ばせて、寝かしつけて――毎日それだけで一苦労ですよね。それに加えて、多くの方々が仕事や家事もこなしているのです。そんなパパママが、子どもの英語教育で、自分を追い詰めるほど頑張る必要なんてありません。

これが英語ではなく、スポーツや楽器の話で、将来は金メダルや賞を目指したい、というなら、もちろん特別な努力が必要でしょう。でも英語は、金メダルを目指す必要はないけれど、これからの時代「みんなができたほうがいいこと」です。ですから、私の提唱する「おやこえいご」では、できるだけムダな労力を省き、パパママがムリなく続けられることを大事にしています。

また、「ムリなく、ムダなく」は経済面にも言えます。高額な英語教材を購入したり、インターナショナルスクールに通わせたりするのは、誰もができることではありません。**「おやこえいご」ではあくまで、ごく一般的なご家庭で実践できる、経済的なやり方を紹介**しています。

「18歳でバイリンガル」までの道のりは長いです。そして、子どもの成長に合わせて、その都度できることは変わってきます。だから「ムリなく、ムダなく」、お子さんの成長に寄り添いながら、お子さんと一緒に英語のある生活を楽しんでください。

長い道のりの間では、「英語なんて嫌だ！」と言われてしまう時期も来るかもしれません。でも、そこであきらめなければ、いずれ子どもが大きくなって、必ず「英語ができてよかった」と喜んでくれる日が来ます。

実は、この本を書こうと思ったきっかけは、私自身の子どもたちの言葉でした。「おやこえいご」で育てた我が子が、いよいよ結婚する年齢になり、彼ら自身が自分の子ども（私にとっては孫）の教育を考えるようになって、「お母さん、子育ての方法を教えてよ。何か書いておいて！」と言ってきたのです。子どもたちが、「母の教育のおかげで今の自分がある」「自分も同じように子どもを育てたい」と思ってくれているなんて、こんな嬉しいことはありません。

本書では、**「おやこえいご」の進め方、年齢別の効果的な学習法、おすすめの英語コンテンツ**などを紹介していきます。また、**子どもの英語教育における、お金の「貯めどき」と「使いどき」**といった、経済面のお話も盛り込んでいますので、英語教育を計画的に進めることができます。

「自分の子どもには、ぜひ英語を身に付けてほしい。でも、どうしたらいいのかわからない」という全てのパパママに、本書の「おやこえいご」が少しでも お役に立てれば幸いです。そして、全ての子どもたちに英語との幸せな出会いがありますように。

２０１９年５月　小田せつこ

目次

Chapter 2

「おやこえいご」はこう進めよう

Chapter 3

動画で楽しむ「おやこえいご」

Chapter 4

幼児英語教室に行こう

CONTENTS

Chapter 6

「おやこえいご」のQ＆A

コラム

Chapter 1

「おやこえいご」とは

英語習得の必要性

◉英語はチャンスに恵まれる言語

英語は、"Language of Opportunities"(チャンスに恵まれる言語)と言われています。「事実上、国際共通語として機能している唯一の言語」が英語なのです。グローバルな視点で世界をとらえれば、英語の持つパワーはとても強いことがわかります。

最も理想的なのは、英語に限らずさまざまな言語を話すことができること。ただ、いきなり何ヶ国語も身に付けることは難しいですから、「まずは、世界で共通語となっている英語を身に付ける」というのは自然な選択だと思います。

しかし、日本には、英語不要論もまだまだ根強く残っています。「ほとんどの日本人は、将来も日本に住み、日本で働く。海外に出る人なんて少数だろう。だから、そこまで英語に力を入れる必要はない」という意見です。他にも「英語以外にもっとやるべき大切なことがある」「英語より日本語のほうが大切」「英語さえできればいい、というものではない」といった声があります。

しかし、英語の重要性が昨今ますます大きくなってきていることは、否めない事実です。今の日本には、日本語ができなくても、英語さえできれば就ける仕事がたくさんあります。外資系ではなく日本企業でも「新入社員の9割が外国籍」という会社があるほど、グローバル化は進んでいるのです。

確かに、英語以外にもやるべきことはありますし、日本人にとって日本語は大切ですから、英語さえできればいいわけではありません。**「おやこえいご」では、あくまで日本語を中心とした生活を送り、英語以外のことも大切にしたうえで、日常に少しずつ英語を取り入れていくのです。**英語を取り入れることで、他の何かを犠牲にしようということではありません。

最近では、ＡＩの発達により「自動翻訳機ができるから、英語など必要ない」という意見も出てきました。これに対しては「本気ですか!?」と、がく然とします。いくら機械が発達しても、「人間の役割」は残ります。そもそも、翻訳機が高度に発達し、人間による翻訳・通訳が不要になるときがやってくるとして、それは一体いつになるのでしょうか。いつ来るのか、明確にはわからない未来の話です。それなのに「機械が発達するから、英語をやる必要はない」などと言うのは無責任すぎるのではないでしょうか。現に「計算機があるから、計算しなくていい」「そのうち車は自動運転になるから、教習所に通う必要はない」という世の中ではありません。英語だって同様です。

「そんな小さいうちからやらなくても、英語が必要な状況になったらやればいい」という意見もあるかと思います。もちろん必要に迫られれば、最低限の英語は習得できるでしょう。しかし、必要に迫られてから勉強して身に付く英語は、本当に限定的なものだと思います。

一つわかりやすい例をあげてみましょう。私が韓国の航空会社、大韓航空で韓国に行ったときのことです。

チェックインの際に、カウンターの韓国人スタッフの方が「お座席は、窓側と通路側、どちらがよろしいですか?」と、とてもきれいな日本語で対応してくれました。私は、「どちらでもいいです」と答えたのですが、この方は「どちらでもいい」という日本語を知らなかったようで、伝わりませんでした。

このように、限定的な決まったフレーズしか話すことができない状態を、本当に「外国語ができる」と言えるのでしょうか。英語教育の世界では、English for Specific Purposes

（特定の目的のための英語）、略してＥＳＰと呼ばれる新しい分野があります。大学でも、理系の学生に合わせた英語教育、医学生に合わせた英語教育など、それぞれの専門分野に合わせた英語教育が必要だと言われています。確かにそれは重要なのですが、私が「おやこえいご」で育んでいただきたいのは、そのような英語力ではありません。

多くの方々にとって、英語力の一つの目安となるのは「仕事で使える英語力」ではないでしょうか。私は以前、大学生向けの「ビジネス英語コース」の講師を担当したことがあります。そのとき、「一体何を教えたらいいのだろうか」とカリキュラムに悩み、外資系薬品会社で働く幼馴染みにたずねました。

私は、プレゼンや電話会議などで使える英語を想定していたのですが、彼女から返ってきたのは意外な言葉でした。「私、仕事の英語はなんとかできるのよ。でも、仕事の後のソーシャルの場で、外国人と談笑したりはできないの。それができたらすごくいいんだけど」

いわゆる「ビジネス英語」という言葉がありますが、**実際のビジネスの現場で求められるのは「雑談」ができるくらいの高い英語力**なのです。「雑談力」は、ビジネス上のコミュニケーションを円滑にする力として、日本においても重視されており、最近では「雑談力」を身に付けるための本もよく見かけます。それもあり、「英語ができればいいわけじゃない。まずは話の中身が大事なんだ」などと言う方もいるのでしょう。

確かに、雑談力に必要なのは言語能力だけではなく、物事への幅広い興味関心や読書量、ユーモアのセンスなども求められます。ですから、「英語さえできればいい」というわけではないでしょう。

しかし、**いくら雑談力を身に付けたとしても、英語力が伴わなければ、当然その力を発揮することはできません。**ですから、グローバルな雑談の場では、「話の中身」に加えて、それを伝える「英語力」も必要です。話の中身が大切だからと言って、英語をおろそかにしていいわけではないのです。

彼女が言っていたように、仕事に関することは英語で話せる人にとっても、「目的なしに」「必要性なしに」話す雑談は非常にレベルが高いのです。最低限必要な英語だけでいいのであれば、必要になってから勉強すればいいでしょう。しかし、雑談ができるほど高度な英語力を身に付けるのは、並大抵のことではありません。「必要に迫られてからやる」のでは、遅すぎるのです。

◉「やる気」ほど不確かなものはない

私は自分自身、「英語ができて本当によかった」と思っています。海外に行くときは、英語でしっかりコミュニケーションが取れる、という大きな安心感があります。また、日本語しか話せなかったら出会うことのなかったであろう人たちと、たくさん友達になれました。そのうえ、英語力を生かして仕事をすることができています。英語のおかげで、私の人生はどれほど豊かになったことでしょう。

ですから、自分の子どもたちを早くから英語に親しませることに、全く迷いはありませんでした。ただ、周りの人たちからはよく言われました。「そんなに小さいときから英語をやらなくても、本人に『やりたい！』という意欲が出てからでいいんじゃないの？」と。

しかし、このような意見には、疑問を抱かざるを得ません。もし、本人のやる気が全く出なかったらどうするのでしょう。「いつか絶対にやる気になる」なんて、誰が保証できるのでしょうか。

それに、やる気が出た人は、みんな必ず英語ができるようになっているでしょうか。残念ながら違いますよね。英語ができるようになりたくて英会話教室に入っても、一向にできるようにならない人は大勢います。たとえ海外留学に行っても、すんなり英語をモノにできない人も多いのです。

私みたいに英語オタクで、英語に膨大な時間を費やせる人にとっては可能かもしれません。しかし、「英語にはあまり時間を割きたくない」というのが、多くの方々の本音ではないでしょうか。また、好き嫌いにかかわらず、語学の適性がずば抜けて高い人もいるでしょう。そういう人は、膨大な時間を費やさなくても、スムーズに英語を習得できるかもしれません。しかし、みんながみんな英語オタクではありませんし、語学の適性が高い人ばかりでもありません。

それに、英語オタクの私でさえ、英語のアウトプットやコミュニケーションには、多大な苦労をしました。私が初めて英語に出会ったのは、中学1年生のときです。英語との出会いは、私自身はそんなに早くなかったのです。しかし、その後すぐに英語にハマってしまい、英語のラジオ放送、テレビ番組、音楽、映画、雑誌など、とにかく英語をむさぼりました。

自分一人で英語を楽しんでいる間はよかったのです。楽しくて仕方ありませんでした。しかし、アウトプットでは、「言いたいことが英語にできない、伝わらない」というジレンマを味わいました。そんなときには、本当に心が折れそうになったものです。

私のように英語が大好きな人間にとってさえ、英語学習は多大な苦労を伴うのです。「外国語ができるようになること」は、想像以上に労力と時間がかかるもの。英語は「やる気さえ出れば、大人になってからでも簡単に身に付けられる」ものではないのです。

「おやこえいご」とは?

◉ムリなく、ムダなく、バイリンガルに!

さて、ここまでお話ししてきたとおり、これからの時代**「英語は絶対にできたほうがいい」**ことは間違いありません。英語ができるだけで、将来の仕事の選択肢は格段に増えます。英語ができるだけで、出会える人やものが増えて世界が広がるのです。

でも、大人になってからの英語学習は本当に大変。それを身をもって経験しているからこそ、**子どもの英語教育はできるだけ早めに始めてほしい**と思っています。私の時代とは違い、子どもたちが初めて英語に出会うのは小学校に早まりました。それでも、「学校で英語を教わるまで何もしない」というのは、おすすめできません。

「そうは言っても、子どもの英語教育って、何から始めればいいのかわからない」「自分自身の英語力があまり高くないから、子どもに教えるなんてできない」と、頭を抱えている親御さんは大勢いらっしゃいます。私は現在名古屋市で、幼児から小学生までの英語教室「おやこえいごくらぶ」を運営していますが、そうした親御さんの悩みを解決し、「全ての子どもたちをバイリンガルに育てたい」という思いから、「おやこえいご」のレッスンを始めたのです。

私の提唱する**「おやこえいご」のモットーは「ムリなく、ムダなく、18歳でバイリンガルに！」**です。この「ムリなく、ムダなく」には複数の意味が含まれていますが、第一は**「パパママが、ムリすることなく、ムダな労力を使うことなく」**ということです。

ですから、英語があまり得意でないパパママに、「子どもには、どんなときも英語で話しかけましょう」と言ったり、全てのご家庭に「インターナショナルスクールに通わせましょう」なんて無理は言ったりはしません。**「おやこえいご」は、パパママに高い英語力がなくても、高い学費を払わなくても実践できるものです。**

世の中には、子どもが小さいうちから英検の勉強をさせるような英語教室もあります。私の友人にも、こうした英語教室に子どもを通わせた方々がいます。しかし、子どもを英語ペラペラのバイリンガルに育てられた方は、残念ながら一人もいません。こうしたスパルタ式の英語教室で成果を出せるのは、本当にわずかな方に限られると思います。

子どもの英語教育には、家庭での親御さんのサポートが不可欠です。しかし、スパルタ式の英語教室は、親御さんのサポートに非常に多くのことを求める傾向があります。そのため、求められるサポートが重すぎて、脱落してしまう親御さんが多いようです。私は、家庭でのサポートに頼り、パパママに責任転嫁をするようなやり方には賛同できません。

繰り返しになりますが、**「おやこえいご」のモットーは「ムリなく、ムダなく」**です。世の中のパパママはとても忙しい。子どもにご飯を食べさせて、着替えさせて、寝かせるだけで、もういっぱいいっぱいです。そこへ、宿題に追い立てられるような英語教室に通わせ、「子どもの宿題を見てあげられない私は悪いママ」と、プレッシャーを感じるなんて、こんなつらいことがあるでしょうか。パパママが、そんなに頑張る必要なんてないのです。

スポーツや楽器を極めるためには、小さいうちから特別な練習が必要だと思います。金メダルを目指したり、賞を取りに行くためには、親も子どもも頑張らなければいけないでしょう。でもこれは、すごくやりたい子たちが頑張ればいいことです。反対に英語は、金メダルを目指さなくてもいいけれど、現代では「みんなができたほうがいい」ことではないでしょうか。ですから、**子どもの英語教育は、親御さんが誰でも続けられて、子どもも楽しく取り組めることが大切**なのです。

◉「おやこえいご」の特徴

私のおすすめする**「おやこえいご」の定義は、「親子のふれあいを楽しみながら英語に親しむこと」**です。「子どもに英語を教える」ことではありません。私たち親がすべきことは、子どもが小さいうちに英語に触れさせ、慣れ親しませることなのです。

「遊んでいるだけで、ちゃんと英語が身に付くのだろうか」と、疑問に思われる親御さんも多いでしょう。しかし、まだ日本語も拙《つたな》い小さな子どもに、ひたすら英単語を教え込んだところで、英語は身に付きません。飛びぬけた天才児であれば、身に付くこともあるかもしれませんが、それはかなりのレアケースです。

今、この本を読んでくださっているパパママのなかには、「子どもがペラペラ英語をしゃべる姿を早く見たい」と思っている方々もいらっしゃるでしょう。その気持ちはとてもわかります。私も、自分の子どもたちが英語を口にするのを聞いたときは、とても嬉しかったものです。それは、ピアノや水泳が上手になったら嬉しいのと同じような感覚だと思います。もっとさかのぼると、ハイハイができるようになった、歩けるようになったというのも同様。とにかく、親にとって子どもの成長はこの上なく嬉しいものですよね。

しかし、英語に関しては、その気持ちを少し脇に置いておいてほしいのです。英語教育は大事ですが、それは「子どもの元気な成長」あっての話です。子どもは第一に、愛情に包まれた、健康で楽しい生活を送るべきです。

「ムリなく、ムダなく」バイリンガルを目指す「おやこえいご」では、日本語も英語もペラペラの、ちびっこバイリンガルを育てるわけではありません。年齢に合わせた子どもらしい生活を大切にしながら、その生活に少し英語を取り入れ、将来への「英語の種まき」をするのです。

子どもたちには、まず一つ「日本語をマスターする」という大きなお仕事があります。そちらも簡単なことではありません。当たり前に日本語に囲まれた環境にいると、子どもは自然に日本語をマスターしているように見えますよね。

でも実は、「たくさんのインプット」と「たくさんのアウトプット」が保証されているからこそ、日本語をマスターできているのです。英語を身に付けるために、日本語の環境が損なわれるようなことがあったら、それこそ英語も日本語もできなくなってしまいます。それでは困りますよね。常識を超えるほど英語漬けにしてしまうとか、日本語を全く遠ざけてしまうなど、極端なことは避ける必要があります。

もちろん例外のご家庭もあります。たとえば、パパかママが英語の達人で、家庭で英語での会話が可能であったり、インターナショナルスクールに通わせたりしている場合です。こういう場合は、日本語と英語を同等に伸ばすこともできるでしょうし、日本に住みながら英語を第一言語とすることも十分可能ですから、「ちびっこバイリンガル」を育てることができるかもしれません。

日本人の両親が、子どもを日本の学校に通わせながら、バイリンガルに育てた例として、有名な書籍を2冊ご紹介しましょう。一つ目は、『ヒロシ、君に英語とスペイン語をあげるよ』(1986年、草思社)で、私は自分の子育てのときにこの本を手にしました。アメリカ文学者である北村崇郎氏と、ラテンアメリカ文学者である妻・光世氏が、ひとり息子の洋氏を英語、スペイン語、日本語のトリリンガルに育てたことについて書かれています。もう一つは、『バイリンガルを育てる―0歳からの英語教育』(2000年、くろしお出版)で、英語教育の専門家であり、立命館大学教授の湯川笑子氏が、同じく英語教育専門家の夫・純幸氏と、バイリンガル育児を行った経験をまとめています。

これらの書籍を読むと、両親ともに英語が堪能であったり、英語教育のプロであっても、「バイリンガル育児は本当に大変だ」ということがわかります。北村家のケースでは、父親の大変厳格な態度と、母親の揺れる心情が描かれています。「学校の勉強に、クラブ活動に、ピアノの練習に、英語に、しかもそのうえにスペイン語と、そんなにぎゅうぎゅうつめこんで息子がパンクしないのだろうか」(p.160)と言って、息子のスペイン語教育を少し抑えるなど、母親として子どもを心配する気持ちが痛いほど伝わってきます。

そして、ひとり息子を育てた北村家に対して、湯川家は2人兄妹。湯川氏によると、バイリンガル子育ては「言語を親がコントロールしやすい第1子が最もうまくいくが、第2子以下は難しい」、「子ども1人1人の個性によって、弱い方の言語のサポートの仕方が変わってくるので、同じことをしていてもバイリンガルに育ったり、育たなかったりする」(p.301) ということで、別の苦労があることがわかります。英語教育のプロである湯川氏にさえ、「英語力と、子どもにかけてやれる時間、エネルギー、お金の他に、バイリンガル子育ての最後の条件として、私は、精神的ゆとり、そしてそこから生まれる強さが不可欠なのではないかと思う」(p.299) と言わしめるほど、バイリンガル育児は困難なことなのです。誰もが気軽にできるわけではありません。

このように、本格的なバイリンガル教育をして、ちびっこバイリンガルを育てることは、かなりハードルが高く、誰にでもおすすめできることではありません。とはいえ、バイリンガル教育は大変だから「何もやらない」という選択をするのは極端すぎます。そこで、**「ムリなく、ムダなく」の「おやこえいご」**なのです。先に書いたとおり、「おやこえいご」では「ちびっこバイリンガル」を育てることは目指していません。**「おやこえいご」が目指すのは「18歳でバイリンガル」です。**

◉英語は親から子どもへのプレゼント

「18歳なんて、まだまだ先じゃないか」と思われるかもしれません。確かにまだまだ先でしょう。でも、本当に英語が必要になったり、英語ができることの恩恵にあずかったりするのは、このくらいの年齢からではないでしょうか。18歳というのは、大学に入学する年齢です。そのときに英語ができれば、海外留学を選ぶこともできるのです。

私自身、自分の子育てでは「18歳になったときに、英語をある程度使えるようになっている」ことを目標にしていました。ですから、必死に英語漬けの子育てをしたわけではありません。英語オンリーの語りかけをしてきたわけでも、インターナショナルスクールに通わせたわけでもありません。むしろ、子どもが小学生になるまでは、英語以外の育児に手間ひまをかけてきた自負があります。

子育てについて、私はこう考えています。

「英語に労力と時間を割きすぎないバランスの良い子育てを通して、子どもの身体能力、知的好奇心を育む。そうすることで、人生の選択肢を増やしてやり、18歳からは子ども自身が自分の人生を切り開いていってほしい」

「おやこえいご」で育てた私の2人の子どもたちは、結果として2人とも日英バイリンガルに育ちました。そのうえ、それぞれ第二外国語もある程度身に付けることができ（娘は中国語、息子はフランス語）、今では専門職に就いてグローバルに活躍しています。

最終的に子どもが何に興味を持ち、将来的に何を極めていくのかは、子ども自身が決めること。私たち親にできるのは、**子どもが「選択肢の多い人生」を送れるような環境を作ってあげる**ことではないでしょうか。

そして、子どもの選択肢を増やしてあげるのに、英語ほど強力な味方はありません。**「英語は親から子どもへのプレゼント」**なのです。子どものうちから英語に慣れ親しむことは、将来の英語学習のハードルをぐんと下げてくれます。それによって、本来なら英語に割く時間やエネルギーを、あなたの子どもは「自分の好きなこと」に注ぐことができるようになるのです。そして、お子さんがそれを極めていくときに、英語が一つの手段として、お子さんの強い味方になってくれることでしょう。

ただし、**このプレゼントは、子どもにせがまれてから渡すようでは遅い**のです。その頃には、親にしてあげられることは、ほとんどないからです。反対に、子どもに押し付けるように渡すのもよくありません。英語がプレッシャーになり、子どもが追い込まれたりしては、プレゼントにはなりません。

理想は、**「子どもたちが気付いたときには「生活の一部に英語が当たり前にあった」という環境を作る**ことです。それは、パパママの工夫でいくらでも可能です。しかし、あくまで「ムリなく、ムダなく」です。

パパママが、そこまで英語が得意でなくても構いません。英語漬けの生活にしたり、英語で語りかけをしたりする必要なんてありませんし、インターナショナルスクールに通わせる経済力も必要ありません。

大切なのは、**子どもが小さいうちから英語に慣れ親しみ、楽しむこと**です。ですから、まずは目標として、日本語の3分の1でいいので**毎日の生活に英語を取り入れてみてください。**それが難しければ、5分の1、もしくは10分の1でも構いません。英語のアニメ、音楽、絵本など、良質なコンテンツはすでに世の中にたくさんありますから、こうしたコンテンツを使って、子どもと一緒に遊んでください。

かわいい我が子とふれあい、今しかない我が子との時間を楽しみながら、そこに少し英語を足してあげる――そうすることで、時間的・経済的な負担なく、**子どもに「英語の種まき」をしてあげましょう。**

◉「おやこえいご」は、大いなる助走

もちろん、まいた種が芽を出し、しっかり花を咲かせるために、少しは努力が必要です。「おやこえいご」でバイリンガルの基礎を作っていたとしても、後からしっかりと英語の学習をしなければ、18歳でバイリンガルにはなれないのです。これを聞いて、「結局、後から勉強しなきゃいけないのか」とがっかりされた方もいるかもしれません。

そこで、幼児教育の専門家である私の友人Tさんの言葉を用いることにしましょう。「英語に関しては、やたらと見通しの甘い人が多い」と、彼女は言っています。たとえば、子どもにピアノを習わせて「そのうち音大くらい行けるようになるだろう」とか、水泳を習わせて「オリンピックはともかく、全国大会くらいは行けるだろう」とは、あまり思わないのではないでしょうか。思う人がいたとすれば、それは毎日ママがピアノを指導しているとか、水泳の選手コースに通っているとか、かなりの時間をピアノや水泳に費やしているご家庭のはずです。それなのに、どうして英語となると、たった週1回のレッスンに通うだけで、「簡単に身に付くだろう」と過大な期待をしてしまうのでしょうか。

英語だって、ピアノや水泳のように、モノにするにはそれなりの時間を費やす必要があ

ります。ですから、小さいうちに英語を始めたとしても、後からの勉強は必須なのです。その点は覚悟してください。でも英語は、ピアノや水泳のように、ほんの一部の人しか高いレベルに到達できない、というものではありません。**正しいやり方で早くから始めれば、誰でも高いレベルに到達できるという意味では、英語はとてもモノにしやすいのです。**

私は以前、帰国子女の多い大学で英語講師をしていたことがあります。そこで感じたのは、英語がよくできる帰国子女は、2段階の海外滞在をしているケースが多い、ということでした。一度目は2歳〜3歳の頃、そして二度目は小中学生になってから。こういう子たちは、幼稚園や小学校低学年の頃は日本にいるので、日本語も問題なく身に付いています。そのうえ、英語も高度なレベルなのです。

反対に、小さい頃から海外にいても、小学校の途中で帰国した子たちの英語力は、全く残っていないか、残っていても子どもレベルでした。やはり「英語ができる」と言えるレベルになるには、大きくなってからしっかり勉強する必要があるのです。

しかし、適切な早期英語教育によって、そのハードルを下げることができます。3歳頃までの比較的自由な時間が多い時期、英語への先入観がない時期に、自然と英語に親しんでおくだけで、後の英語学習がぐんと楽になるのです。中学生になった我が子に、「英語を勉強しなさい」と言わなくて済むだけでも、親としては精神衛生上ありがたいことではないでしょうか。

「おやこえいご」は、あくまで18歳でバイリンガルになるための「助走」です。しかし、それは「大いなる助走」です。この助走をしているかどうかで、完走率が変わってしまうほど、大きな意義を持つものなのです。そしてこの助走に、子どもの意志や能力は関係ありません。子どもの完走率を少しでも上げてあげること、子どもが英語を味方につけて未来に羽ばたいていく下地を作ってあげることは、親の少しの心がけでできるのです。

Column 1

バイリンガルならではの特徴

バイリンガルであることによる、「進学や就職の機会に恵まれやすい」「仕事や交流の幅が広がる」などの社会的、経済的なメリットは第1章で述べました。それ以外にも最近では、バイリンガルであることにまつわる、認知面と言語面についての研究が進んでいます。

たとえば認知面においては、バイリンガルはモノリンガル（一言語のみ使用する人）と比べると、**遂行機能（executive function）が優れている**という研究結果（※1）が出ています。遂行機能というのは「目的を遂行するために、目標設定と実行計画を考案し、遂行する能力」のことです。

その他の研究（※2）では、バイリンガル環境で育つ子どもは、モノリンガル環境の子どもに比べて、**コミュニケーション能力が高い**という結果が出ています。将来に向かって努力することができて、周りの人とのコミュニケーションも円滑に取ることができる――バイリンガルであることで、こうした能力が高まることは、とても好ましいことに思えますよね。

一方で言語面においては、Barac & Bialystok の研究（※3）によると、バイリンガルであることが言語や知能に悪い影響を与えることはないものの、文法や語彙の発達はモノリンガルの子どもに比べて遅いということがわかっています。バイリンガルの成人も、語彙に関しては使う単語を決めるのに時間がかかる（※4）あるいは単語を思いつくのが遅い（※5）という結果が出ています。

これは一見バイリンガルの弊害にも思われるかもしれませんが、さほど心配するようなことではないでしょう。要は、常に二言語に注意を向けていることからくる傾向のようなもので、二言語を習得するのだから、習得のスピードはゆっくりになるのでしょう。そして、「単語を思いつくのが遅い」というのは、慎重に言葉を選んでいる、と考えることもできるのではないでしょうか。

いずれにしても、これらのバイリンガルの認知面と言語面の特徴から、バイリンガルは「常に複数のことや、先のことに注意を向けている傾向がある」ということがわかります。

ちなみに、これらの認知面と言語面についての研究結果は、二言語を日常的に同じ頻度で使っているバイリンガルに見られたものです。そのため、バイリンガルでも二言語を使う度合いによっては、結果も違ってくると思われます。

私の提唱している「おやこえいご」は、日本語メインで生活しながら、英語も無理なく取り入れる程度ですから、前述のような傾向が極端に現れることはないと思っています。自分の子どもたちや教室の子どもたちを見ても、語彙の不足が気になったり、日本語がおろそかになったりするといった問題は起きていません。

【参考文献】

※1 Carlson, S. M. & Meltzoff, A. N. (2008) "Bilingual experience and executive functioning in young children" Developmental Science 11(2)

※2 Liberman, Z. ; Woodward, A. L. ; Keysar, B. ; Kinzler, K. D. (2017) "Exposure to multiple languages enhances communication skills in infancy" Developmental Science 20(1)

※3 Barac, R. & Bialystok, E. (2012) "Bilingual effects on cognitive and linguistic development: role of language, cultural background, and education" Child Development 83(2)

※4 Portocarrero, J. S.; Burright, R. G. ; Donovick, P. J. (2007) "Vocabulary and verbal fluency of bilingual and monolingual college students" Archives of Clinical Neuropsychology 22(3)

※5 Gollan, T. H. ; Montoya, R. I. ; Werner, G. A. (2002) "Semantic and letter fluency in Spanish-English bilinguals" Neuropsychology 16(4)

Chapter 2

「おやこえいご」は
こう進めよう

なぜそんなに早く英語に触れるべきなのか？

◉「おやこえいご」を始めるのは今！

では、実際に「おやこえいご」は何歳から始めればよいのでしょうか。これは、よく聞かれる質問なのですが、私の答えはいつも同じです。**今すぐ始めてください。**1歳でも2歳でも、あるいはプレママ・プレパパでも、その時々でやれることはたくさんあるのです（こうした、年齢別の英語の取り組み方については第5章で詳しくお話しします）。

ただ、できれば**「おやこえいご」は0歳からスタートさせてほしい**と思っています。「0歳は早すぎるんじゃないか」「せめて、幼稚園に入ってからでいいんじゃないか」と思う方も多いでしょう。しかし、スタートが遅くなればなるほど、英語に対する抵抗感が生まれたり、英語が「勉強するべき科目」になってしまったりします。もちろん、何事も始めるのに遅すぎることはありませんし、「今さら遅いからやらない」よりも、思い立ったときに始めたほうがよいのは当然です。ただ、**言語は、直接のコミュニケーションを通じてでないと身に付きません。**ですから、コミュニケーションの部分を飛ばして、英語が最初から「勉強するべき科目」になってしまうのは危険なのです。「勉強するべき科目」である以前に**「英語は言語」なのだと、子どもにわかってもらうには、早ければ早いほうがいいのです。**

もうずいぶん前のことですが、私は4年間中学校で英語を教えていたことがあります。実は、その頃の私は「早期英語教育なんて必要ない派」でした。英語は、中学からしっかりやれば十分間に合う、と思っていました。

しかし、実際に教壇に立ってみてわかったのは、いくら熱心に「英語は将来役に立つ」と語りかけても、ほとんどの生徒は聞く耳を持たないということ。中学生という年頃には、英語以外にやることが山ほどあります。英語より大切なことがたくさんあるのです。そんななか、やる気のない生徒に英語をやらせるのは至難の業でした。あるとき、3年生の教室に入り、“Hello, everyone!”とあいさつすると、「先生、英語で話すのはやめてください！　英会話の授業じゃないんです！」なんて怒られてしまったこともあります。

中学生に比べると、小学生のほうがまだ英語に対して柔軟だと思います。私は小学校の現場できちんと教えたことはありませんが、何回か飛び入りで英語のお話をさせてもらったことがあります。どこの小学校でも、大抵の子どもたちが喜んで話を聞いてくれました。

中学生より小学生のほうが、小学生より幼稚園児のほうが、そして幼稚園児よりベビーのほうが英語に対して柔軟であることは明白です。**子どもに「新しいものを柔軟に受け入れる力」が十分備わっているうちに英語に触れさせる**ことには、重要な意味があるのです。

◉学校でいい英語の先生に出会えるかどうかは運次第

２０１７年改訂、２０２０年度より全面実施の学習指導要領では、英語の授業の開始時期が、現在の小学校5年生から3年生に早まりました。「英語は中学から」だった私たちの頃とは違い、こんなに早くから学校で教えてもらえるのですから、「英語は学校で習えば十分ではないか」と思う方もいるかもしれません。また、なかには、「自分は中学で素晴らしい英語の先生に出会い、英語が好きになれた」という理由で、英語は学校で学べると思っている方もいるでしょう。

しかし、考えてみてください。英語で有名な教師のいる学校を探して入学するのでない限り、素晴らしい英語の先生に出会えるかどうかは運次第なのです。政府が学習指導要領を改訂したところで、「制度さえ新しくなれば、授業の中身が変わる」なんてことはありません。学校の授業というのは、どうしても先生の力量に左右されてしまうものです。高い英語力を持ったやる気満々の先生と、英語が苦手でやる気のない先生では、授業の内容に大差がついてしまうのは当然ですよね。

さらに言えば、いくら優秀な先生でも、素晴らしい授業をできるかどうかについては、学校の環境が大きく影響します。教育熱心で協力的な親や学校職員が周囲にいて、素直な子どもたちが多い地域で教える場合と、親や学校職員が非協力的なうえ、反抗的な子どもたちが多い荒れた地域で教える場合――結果に違いが出ることは容易に想像がつきますよね。

学習指導要領が「学びの環境」までも整えてくれるわけではありません。個々の先生の技量や、周りの環境に左右される部分が大きすぎる現状では、どんなに学校での英語教育を早期化しても、実質的な子どもの英語力向上にはつながらないかもしれません。早いうちから英語に親しんだり、英語を好きになったりするといった目標は達成できるかもしれませんが、その程度ならわざわざ学校で教わらなくても、親御さんの工夫次第であっという間に達成できるものです。

ですから、英語教育が早期化しているからといって、学校に丸投げするのはやめましょう。「学校でいい先生に出会えるだろう」なんて不確かな賭けをするのはやめて、**パパママが積極的になって、家庭を中心に、子どもが「確実に英語を身に付けられる」環境を整えてあげましょう。**

◉赤ちゃんは語学の天才

さて、私が「英語は0歳から始めてほしい」と言うのは、子どもの柔軟性だけが理由ではありません。純粋に、小さい子どものほうが、語学習得の適性があると感じるからです。「語学力の伸びは、若い人には敵わない」という感覚は、なんとなく皆さんがお持ちだと思います。

たとえば、親の転勤で海外に引っ越した家族がいたとします。親が英語に四苦八苦している一方で、英語にあふれた環境で育った子どもはどんどん英語力を身に付け、英語がペラペラの帰国子女になる、というのはごく普通に聞く話です。そうした例を見れば、「小さい子どものほうが、語学習得の適性がある」と考えることに、そんなに無理はないと思います。

私は、２人の子どもを「おやこえいご」で育てました。英語で毎日語りかけをしたわけでも、インターナショナルスクールに行かせたわけでも、小さい頃から英語の多読をさせたわけでもありません。ただ英語で親子遊びをして、英語の動画を見せて育てました。

そんな２人に、私がどうしても敵わないのが「リスニング」です。私の場合、リスニングをするときには「英語を聞くぞ」というモードになる必要がありますし、飛行機の中で見る映画も、内容によっては字幕なしでは厳しく感じます。でも子どもたちは、全く問題なく英語を聞き取ることができます。こればかりは、本当にうらやましいです。

もちろん私も、中学生で英語にハマってからは、英語を聞いて聞いて聞きまくってきました。決してリスニングを怠ったわけではありませんし、リスニングが苦手なわけでもありません。ＴＯＩＥＣのリスニングは満点ですし、ＴＯＥＦＬのリスニングも30点中29点です。英検１級だって持っています。それでも子どもたちには敵わない。英語に関して、**私と子どもたちで決定的に違うことは「幼児期に英語を聞いているかどうか」**なのです。

ＴＥＤで有名になったパトリシア・クール博士は、このように言っています。**「生まれたてのベビーは、６ヶ月〜８ヶ月時点では、どんな言語の音も聞き取ることができる。し**

かし、この臨界点を過ぎると、ベビーはその能力を失い、自分の周りで話される言語の音を吸収するようになる」と。TEDでは「赤ちゃんは語学の天才」(The linguistic genius of babies)というタイトルで掲載されていますので、ぜひ動画をご覧になってください。

ここで、クール博士の研究を少し紹介しておきましょう。平均月齢9ヶ月のアメリカ人のベビーたちに、中国語話者が1ヶ月間12回のセッションを行い、中国語のみで絵本を読み聞かせ、おもちゃを使って遊ぶという実験をしました。ちなみに、1回のセッションは、わずかに25分間です。すると、1ヶ月後の聞き取り検査の結果、そのアメリカ人のベビーたちの中国語の聞き取り能力は、10ヶ月間中国語のみを聞いてきた台湾人のベビーと同等であるということがわかったのです。しかも、その間英語だけを聞いてきたアメリカ人のベビーと比較して、英語の聞き取り能力が劣っているということもありませんでした。

これを知って、本当に素晴らしいと思いました。たとえ毎日でなくても、少しの時間でも、外国語で遊ぶことによって、ベビーは元々持っている聞き取り能力を失わずに済むのです。それならば、無理のない範囲で構わないので、ベビーのうちから「英語に触れる時間」を作ってあげるべきではないでしょうか。

◉「おやこえいご」で、日本語がおかしくなることはない!

英語は小さいうちから始めてください、と言うと「英語よりまずは日本語だろう。そうでないと日本語がおかしくなってしまう!」と、根拠もなくおっしゃる方がいます。つまり、バイリンガルに育てようとした結果、セミリンガル(どちらの言語も中途半端)になることを恐れている方ですね。

確かに、新しい言語を学ぶことによって、元の言語を失う現象はあります。でもそれは、元の言語を「ほぼ使わなくなる」ことによって生じるものです。海外で育児をされる方は注意が必要かもしれません。家庭で日本語を使ったとしても、学校など家以外の場所で毎日英語を話すのが当たり前の生活では、日本語の量が圧倒的に少なくなるからです。もしくは、日本在住であっても、両親の使う言語が異なる場合や、インターナショナルスクールに通って英語で教育を受けるような場合も、日本語がおろそかになりやすいでしょう。

しかし、日本国内に住んで、親が日本語を話す家庭で育ち、日常的に日本語に囲まれている生活を送っていれば、少し英語に触れたからといって、日本語を失うことなどありません。私が提唱する**「おやこえいご」は、あくまで日本で日本語をメインとして育つ子ども**

が対象であり、日本語を脅かすほどの極端な英語環境を与えようとするものではありません。日本語の生活の中に、少しだけ英語を取り入れる、ということです。

私が主宰している教室「おやこえいごくらぶ」では、ベビーコース、トドラーコースの二つの「おやこえいご」レッスンがあります。ベビーコースの受け入れは、4ヶ月児からです。「早すぎる！」と驚かれるでしょうか。でも、おうちならもっと早くスタートできます。いえ、「スタートする」なんて、そんな大げさなものではありません。生まれてすぐからでも、親子のふれあいタイムに少し英語を取り入れることは十分可能です。もちろん日本語をメインにしながら、ほんの少し英語を織り交ぜる程度で構いません。「よし、今日から英語を始めるぞ！」なんて気負う必要はないのです。**気付いたら、いつの間にか英語が生活の一部になっていた**という位置づけが大切です。

4ヶ月というのは、「おやこえいご」レッスンに通える最低月齢です。4ヶ月というと、生まれてからのてんやわんやな育児が少し落ち着いてくる頃です。寝る・泣く・ミルクの3つを、時間構わず繰り返していたベビーですが、この頃から生活のリズムができてきます。夜は長時間眠るようになり、昼には起きていることが増えてきます。

身体の成長、認知の発達も著しくなってきます。首がすわり、抱っこも楽になります。目や耳も発達し、周りのものやパパママ以外の人にも興味を持ち始める時期なんですよね。しかも、まだ人見知りをしないことが多いですから、この頃から教室に来てくれると、「おやこえいご」レッスンに対して全く構えがありません。これが、1歳近くになってからだと、子どもによっては、人見知りや場所見知りがひどくて、毎回レッスンで泣いてしまうこともあります。**英語を早くから始めることは、ベビーの負担も減らすことになるのです。**

しかし、いくら「おやこえいご」を始めたいと思っていても、おじいちゃんおばあちゃん、その他のご家族から「そんなに早くから英語なんて良くない」と反対されて、悩んでいる方もいらっしゃいます。家族の理解がないと、なかなかやりづらいものですよね。

「0歳児から英語」に反対されそうな場合は、**妊娠中から英語を始めてしまう**のがおすすめです。お腹の中に赤ちゃんがいるときから、家の中で英語ブームを作ってしまいましょう。パパママが「英語を勉強したい」と言っているのに、それを止める理由はないですよね。パパママの勉強の延長で「ベビーも一緒に英語を聞いている」という状況を作るのはどうでしょうか。子どもに英語を習わせたいのであれば、パパやママも一緒にやりましょう。

そして、自然な流れで「日常生活に英語がある状態」にしていきましょう。

私も、いまだに英語のかけ流しをしています。アメリカのドラマをかけて聞きながら、家事をしたりしています。外国語を習得するには、習慣化することが本当に大切です。**「いつでも英語に触れている」という状態を作るようにしましょう。**

◉早く始めることで、親自身の準備ができる

もちろんベビーによって個人差はあります。レッスン中、しっかり目を覚まして歌やお話を楽しめる子もいれば、ウトウトねんねばかりの子もいます。レッスン中に毎回お腹がすいて、ママが授乳をしなければならない子もいます。毎回ねんねばかり、あるいは全く興味を示していないといった場合、パパママも「うちの子には、ちょっと早いんじゃないかな」と思ってしまいますよね。もちろん、もう少し遅いスタートでも全然構いません。ベビーによって、そしてご家庭によって、始めるのにちょうどいいタイミングがあるのだろうと思います。ですが、ベビーの準備がまだできていないとしても、なるべく早く始めることにはメリットがあります。

一つは、**他のパパママたちと知り合い、仲間作りができるということ。そしてもう一つは、パパママがこれからバイリンガル育児を進めていくうえでの、またとない「準備期間」になる**ということです。

特に英語が苦手なパパママにとって、この時期は「黄金の時間」と言ってもいいくらいに貴重になります。ベビーと一緒に、自分も英語に親しむことができる時期なのです。ですから、ぜひともこの時期を逃さないでほしいのです。

パパやママが、英語の達人である必要はありませんが、少しずつでも英語に慣れておくことは大切です。パパやママが英語のできる家庭では、そうでない家庭と比べて、子どもが英語ができるようになる確率はずっと高いと思います。

スポーツや音楽など、親が日頃親しんでいることに子どもも親しむようになる、という例はたくさんあります。英語だって同じです。子どもに英語に慣れ親しんでほしいと思うなら、まずは家庭にその環境を作ってしまえばいいのです。あくまで無理のない範囲で、パパママも一緒に楽しむことが大切です。

今まで英語にしっかり取り組んだことのないパパママが、ベビーと一緒に毎日英語の歌をうたったり聞いたりすることで「英語のある生活」を確立することができたなら――

確実に、パパママ自身の英語力が向上します。

特に、リスニングは伸びます。今まで雑音にしか聞こえなかった英語が、意味を伴って聞こえるようになります。「おやこえいご」のレッスンに通い、家でも英語のかけ流しをするようになってから、「パパのＴＯＥＩＣのスコアが上がった」という、嬉しいご報告もいただいたことがあります。その方に限らず、パパママの英語力（特にリスニング力）が上がった、という報告はよくいただいています。「聞くだけ」メソッドも、ウソばかりじゃないんです。ただし、「聞くだけ」で「話せる」ようになることはありません。話せるようになるためには別の対策が必要ですので、混同しないようにお願いします。

月日が経つのは早いものです。産休育休を取られるママも、お子さんが1歳を過ぎる頃に職場復帰をすると、そこからは多忙な生活が始まります。そこに慣れない英語をプラスするよりは、もっと前から英語をスタートさせておいたほうがママ自身が楽だと思います。これは後で詳しくお話ししますが、実は「おやこえいご」で一番重要な時期は、子どもが1歳半〜3歳の間です。この時期にどれだけ英語に触れられるかで、その後の英語力に差が出ると言っても過言ではありません。でもこの時期は、職場復帰したママにとっては、家事、仕事、子育てで、てんてこ舞いのハードなとき。ですから、ママもお子さんも比較的おうちでの時間がある段階から、「英語のある生活」をスタートさせてほしいのです。

「おやこえいご」の経済学

◉お金の貯めどき使いどき

「ムリなく、ムダなくバイリンガル」というのは、時間的、労力的な「ムリムダ」に加えて、経済的な「ムリムダ」も含みます。限りある資源を有効に使うためには、頭を使いたいところです。子どもの英語教育にいくらでもお金をかけられる、というご家庭であれば、さほど気にすることはないでしょう。お金をかければかけるほど良いサービスが受けられる、というわけでもありませんが、ダメだと思えばすぐやめればいいのですから、いろいろ試してみるのもいいでしょう。しかし多くの方は、私と同じく「ムリなく、ムダなく」効率的に行いたいと思っているのではないでしょうか。

さて、人生には「お金の貯めどき」が3回あるそうです。それは**「1回目：独身時代から夫婦のみの時代、2回目：子どもの幼少期、3回目：子どもの独立後」**。つまり、**ベビーの時期というのは、お金を貯めないといけない時期**なのです。子どもというのは、大きくなればなるほどお金がかかります。正確には、お金をかけてあげないといけないのです。

「大学生になったらバイトでもして、少しは自立してほしい」という考えの親御さんもいるかもしれません。でも、学生という貴重な学びの時期にバイト三昧なんて、そんなもったいないことはありません。親としては、子どもが大学を卒業するときに、社会の役に立てるような実力や資格を持っている状態にしてあげたいものです。ですから、将来本当に必要なときにお金をかけられるよう、子どもが小さいうちは、しっかり貯金しておくのがいいのです。

幼児期の英語教育においては、そんなに大金を払わなくても、できることがたくさんあります。反対に、高い教材を買ったり、高いレッスンに通ったりしても、続けることができなければ全く意味がありません。

「子どもの英語教育にかける費用は、ひと月1万5000円」なんて話を耳にしたこともありますが、これはかけすぎだと思います。所得にもよりますが、英語教育にかける費用は毎月せいぜい5000~7000円くらいではないでしょうか。仮に、ひと月7000円だとすれば、ひと月1万5000円の家庭と比べて毎月8000円を積み立てることができます。これを10年続ければ、ほぼ100万円になります。そうすれば、小学校高学年くらいになったときに、30万円ほど使って海外経験をさせてあげることもできます。これは、子どもにとって本当にいい経験になると思います。

ちなみに、小学校4年生からは英語の頑張りどきです。ベビーのときに種をまき、少しずつ育ててきた英語の芽が、いよいよ花開くときです。この時期には、多少お金をかけてあげることも必要でしょう。できれば、高校生になったら1年間の海外留学を経験させてあげたいところです。それができるのか、それとも「そんな大金は払えない」となるのか——それは、その時点までの貯蓄次第ですね。ベビーの時期に、あまりお金をかけなければ、子どもに「真の海外経験」をプレゼントすることだって可能なのです。

幼児期の英語は、あくまでも助走。将来への準備期間です。そしてこれは、経済面でも同様なのです。**将来本当に必要なときにお金をかけられるよう、幼児期にはお金を賢く使い、しっかり貯金するようにしましょう。**

◉英語教育にかかるお金の種類

英語教育にかかるお金には、大きく分けて**「①教材にかかるお金、②レッスンにかかるお金、③イベント・海外経験にかかるお金」**という3つがあります。

まず、**①教材にかかるお金**について考えてみましょう。今世の中には本当にさまざまな教材がありますから、何を買えばいいのか迷われると思います。しかし、**教材は「なるべく買わない」**に尽きます。今の時代、教材として使えるものは、ネット上に無料で無限にころがっています。絵本すら買わなくてもやっていけそうなくらいです。

同じ理由で、CDやDVDも「子どもがとりわけ気に入っているから、手元に置いておきたい」というような場合以外は、わざわざ買う必要はありません。特に、「安いから」という理由だけで古いものを買うくらいなら、YouTubeに頼るほうがよほど安く済むでしょう。

また、高額のセット教材も購入する前によく考えてください。こういうセット教材には、モチベーションの維持のため、アフターケアとしていろいろなイベントやレッスンが付いていますが、それらに魅力を感じるのであれば、週1回英語教室に通うほうが確実ではないでしょうか。それに、「セット教材はずっと使える」と言いますが、子どもが飽きてしまったらどうするのでしょうか。子どもが「興味を持つか」、そして「この先もずっと興味を持ち続けるか」わからない商品に高い金額を支払うのは、全くおすすめできません。

次に、**②レッスンにかかるお金**に関してもコストをよく考えましょう。一番費用がかかるのが、いわゆる「インターナショナルプリスクール」「英語学童」のように、日常生活を英語で行うタイプのものです。これらの費用が高いのは、単純に子どもがそこで過ごす時間が長いからだと考えられます。英語教育の質はピンキリです。一概には言えませんが、コストに見合う結果を得るためには、ただ通わせているだけでは不十分で、やはり親のサポート（家でインプットを増やしたり、レッスンの復習をしたりすること）は必須です。それならば、週1回英語教室に通うことで費用を抑えて、家でのサポートを厚くするほうが効率的かつ経済的だと思います。せっかく高いお金を使うのであれば、圧倒的に成果に差が出るものでないと価値がありません。

また、あまりにも安いレッスン料を提示する教室があれば、それはどうしてなのか、よく考えるようにしてください。先生の英語力はどうなのか、指導技術はどうなのか、いろいろな教材を用意しているのか、もし自分が英語教師だったら、という視点で考えてみてほしいのです。十分な英語力と指導技術のある先生が、むやみに自分のレッスンを安売りしたりするでしょうか。何でもそうですが、「適正価格」というものがあるはずです。大手教室から個人教室まで、レッスン料金やレッスン内容などをいろいろ比べてみるといいでしょう。

最後に、**③イベント・海外経験にかかるお金**を見てみましょう。英語キャンプのようなイベントは、楽しい思い出になったり、モチベーションアップにつながったりするというメリットがありますから、たまに参加するのはいいでしょう。ただし、イベントというのは普通は一日、長くて数日限定です。その間に英語力がぐんと伸びる、ということはありません。イベントばかりにお金と時間をつぎ込むのは避けてください。また、親子留学にもお金をかけすぎないほうがいいでしょう。お金をかけるべきときは、子どもが本当にバイリンガルに向かっていく小学校高学年以降です。幼児期は、あくまでその助走期間。その間は、**かけるお金に関しても「助走」に見合ったものにするべきだと思います。**

「真の海外経験」ができるのは、小学校高学年以降です。ですから、それまでに英語のベースを作っておき、小学校高学年になったら短期留学などで「英語でのコミュニケーションの場」に放り込む。最初の留学は、「英語の環境で刺激を受けて、その後の英語学習に弾みをつける」というのが狙いですから、2週間程度の短期留学で構いません。そして、高校か大学で1年以上の留学ができれば素晴らしいと思います。

「大きくなってから留学させるなら、小さいうちから英語をやる必要はないじゃない」と思われるかもしれません。でも、実情は全くかけ離れています。高校、大学時代のたった1〜2年の留学で、英語力を大きく伸ばすことができる人はそんなにいません。それまでにかなり英語力を身に付けておいて初めて、それが可能になります。

私の子どもたちは、それぞれ高校時代から留学をしました。娘は、中学時代から英語がかなりできたのですが、息子は「おやこえいご」はしっかりやったものの、中学時代あまり英語学習が進みませんでした。しかし、中学校に入るまで「おやこえいご」をしっかりやっていた貯金は、ちゃんと残っていました。高校で留学してわずか3ヶ月で、英語での会話はほぼ問題なくできるようになったのです。

子どもが小さいうちから、高額な教材、英語キャンプ、親子留学……と、華やかな英語ライフを送る価値は本当にあるのか、一度よく考えてください。どこに、いつお金を投入するのか。そのことを常に念頭に置いて、計画的に「おやこえいご」を進めていただけたらと思います。

「おやこえいご」成功の決め手は「インプット」

●「おやこえいご」では「インプット」を重視

子どもでも大人でも、**語学習得の成功に欠かせないのは「質・量ともに十分なインプット」と「適切なアウトプットの機会」**です。非常にシンプル。何かすごい秘訣があるわけではありません。

英語には、「聞く」「読む」「話す」「書く」の4技能がありますが、この中で**インプットは「聞く」「読む」**、**アウトプットは「話す」「書く」**です。子どもの英語教育というと「早く子どもが英語を話せるようになってほしい」と、「アウトプット」の部分を期待される親御さんが多くいらっしゃいます。しかし、**大量のインプットなしにアウトプットができるようになることはありません。**

これは、赤ちゃんが日本語を身に付けていくプロセスを考えてみるとわかりやすいでしょう。赤ちゃんは、生まれたその日から、自分の周りで話される日本語をずっと聞いて育っていきます。パパやママ、おじいちゃんやおばあちゃん、兄弟や親戚など、周りにいる人たちが話す日本語に常にさらされていますよね。一言も日本語がわかっていない状態のまま、毎日とにかく日本語を耳にしています。それだけではありません。日本語がわからない赤ちゃんに対して、みんな寄ってたかって話しかけますよね。その状態が約1年続いてやっと、赤ちゃんの口から単語がひと言、ふた言出てくるのです。

このように考えれば、英語を話せるようになるためには、大量のインプットが必要であることがわかるでしょう。インプットの重要さは、いくら強調してもしすぎることはないのです。

私は以前、5歳の女の子の親御さんから相談を受けたことがあります。「3年前から英語教室に通っているのですが、英語の成果が全く見えません。どうすればいいでしょうか」

という内容でした。家では普段どのくらい英語のインプットを行っているのか聞いてみると、「家ではあまり……でも、車に乗るときには必ず英語教材のCDを流しています」とおっしゃるのです。私が「車は、毎日2時間くらい乗るのですか?」とたずねると、「いえ、一日30分くらいです」という返答でした。残念ながら、それではインプットの量は圧倒的に足りません。

先ほどお伝えしたとおり、赤ちゃんは日本語を話せるようになるまで約1年間、周りの大人たちがひっきりなしに日本語を話すのを耳にしているのです。それに対して、もし一日30分英語のCDを聞かせただけで、子どもがすぐに英語を話し出したらむしろ驚きです。インプットの作業は、家庭でしかできません。英語教室に通わせるという選択肢もありますが、英語教室のメインの役割は「英語での直接のコミュニケーションを楽しむ」ことです。レッスン中にもインプットはありますが、それは「家でのインプットのきっかけを作る」程度ですから、レッスンだけでは不十分です。

ですから、たとえ英語教室に通っていたとしても、家庭でのインプットは欠かせません。ここを飛ばしての英語教育はあり得ないのです。でも、言い方を変えれば**「インプットは家庭でも簡単にできる」**ということです。英語のインプットを日々の習慣にしてしまえば、親も一緒に子どもと楽しむことができます。

先ほど、語学習得の成功に欠かせないのは「質・量ともに十分なインプット」と「適切なアウトプットの機会」だとお伝えしましたが、**「おやこえいご」においては、とにかくインプットを重視するようにしてください。**なかなかアウトプットにつながらないからといって、あまり心配する必要はありません。日本語を話せるようになった子どもたちの様子を思い浮かべてみてください。「お願いだから、3分だけ黙っていて！」と言いたくなるくらい、朝から晩まで話している時期があるはずです。このように、アウトプットというのは、インプットが十分にたまったら「あふれ出すように」出てくるものなのです。アウトプットに時間がかかるお子さんもいるでしょうが、そのペースは一人一人異なります。ですから、無理やりアウトプットを引き出そうとするのは避けてください。**幼児期にはあまりアウトプットのことを気にせず、とにかくたくさんインプットをすることを心がけましょう。**

あくまで、「日本で育ち、日本語で教育を受ける」ことが前提の子どもたち。日本語の発達に大切な時期には、大いに日本語を伸ばしてください。その言語力は、後から英語に力を入れるときにも応用できるのです。

◉幼児期のインプット段階でやってはいけないこと

さて、幼児期のインプット段階では、実は「やってはいけないこと」が二つあります。それは**「英語を覚えさせようとすること」**と**「英語をしゃべらせようとすること」**です。

まず、「英語を覚えさせようとすること」についてです。これは、たとえば単語カードを使って英単語を覚えさせたり、あいさつや日常会話の決まり文句を覚えさせたりすることです。親子でカード遊びをして楽しむこと自体は悪いことではありませんから、これは「絶対にやってはいけない」というわけではありません。ただ、**英語のインプットを優先する**ようにしていただきたいのです。普通は、英語の動画を見せたり、英語の歌を聞かせたりと、インプットの時間を確保するだけで精いっぱいだと思いますから、カード遊びなどは余力があれば行う程度にしてください。

「覚えさせる」というのは一見「インプット」のようですが、幼児期の英語教育の場合には注意が必要です。子どもに覚えさせようとすると、どうしても親が必死になってしまいます。そして、子どもの覚えが悪いと、ついつい叱ったりしてしまいます。しかし、それは本当にもったいないことです。**幼児期には「英語を楽しむ」ことが何よりも大切。**子どもは楽しいことなら長く続けられます。目標はあくまでも「18歳でバイリンガル」です。それくらいの長いスパンで考えたとき、幼児期に単語を100個や200個覚えようが覚えまいが、ほとんど関係ありません。

そして、やってはいけないことの二つ目は「英語をしゃべらせようとすること」。親というのは、子どもについつい期待してしまう生き物。そして、すぐに結果を見たくなる生き物ですよね。でも、子どもの身になって考えてみてください。あれこれ教え込まれて、すぐ覚えるよう期待され、覚えたことを正しく口から発することを要求される――これではまるで、日々、口頭試問を受けているようなものです。大人でもそんなことは嫌でしょう。

第1章でも書いたように、**私たち親は「子どもを幸せにするために」英語をプレゼントするのです。**子どもが英語のせいで苦しむようなことになっては本末転倒です。それから、子どもは「将来役に立つから、英語をやっておこう！」などと考えてはいませんから、間違っても「将来のためなんだから、我慢してやりなさい」なんて言わないでくださいね。

ポイントは「英語で動画」と「幼児英語教室の活用」

◉「おやこえいご」の道のり

「おやこえいご」のポイントは、子どもの発達段階に合わせたやり方で、英語を身に付けさせていくということ。特に幼児期はインプットが大切だとお話ししてきましたが、幼児期と言っても、1歳未満と1歳〜3歳ではインプットの質や内容が変わってきます。また、幼稚園や小学校に入ってからも、いつまでも1歳〜3歳のときと同じようなやり方をしていれば、英語力は伸びません。

「おやこえいご」のゴールは、18歳でバイリンガルになっていること。**親御さんが、18歳までの英語教育の道のりを知っているか知らないかは、非常に大きな違いを生みます。**この道のりを理解していれば、たとえば子どもが2歳のときに「全然英語が話せるようにならない」と、むやみに悩む必要がありません。でも、この道のりを理解していなければ「なかなか話せるようにならないから、我が子には英語の才能はないのね」などと誤った判断をして、一切の英語教育を終了させてしまうかもしれません。そんな惜しいことはありませんよね。

ですから、「おやこえいご」の道のりを知っておくことは非常に重要なのです。では、0歳～18歳までの「おやこえいご」の大きな流れを見ていきましょう。

年齢別　英語の取り組み方・お金のかけ方

時期	英語の取り組み方	英語へのお金のかけ方
0歳～1歳半 [ふれあい重視期]	一番大事なのはパパママとの直接のコミュニケーション。ふれあいを大切にしながら、ときどき英語を織り交ぜていきましょう。	お金の貯めどき。この時期にふさわしい英語の歌などを使って、親子でコミュニケーションを楽しみましょう。
1歳半～幼稚園 [おやこえいごの黄金期]	英語の音への柔軟性があるこの時期に、子どもの好きな動画を使って、英語の大量インプットを。週に1回英語教室に通うことで、相乗効果が高まります。	お金の貯めどき。英語の動画はYouTubeを使えば無料で見放題。大量のインプットが必要なこの時期、無料のものをうまく利用して、経済的に無理なく英語に取り組みましょう。
幼稚園～小学校低学年 [英語耳の維持期]	「英語耳の維持」をしながら、学びの楽しさを育んであげることで、その先の英語学習がスムーズになります。動画のインプットが少なくなりそうなら、週1回の英語教室を活用して英語モードに!	お金の貯めどき。英語以外のさまざまなことに興味を持ち始めるこの時期は、英語がお留守になりがち。なんとか英語動画の視聴習慣と英語教室の活用を続けて、英語力を失わないようにしましょう。
小学校高学年 [英語の頑張りどき]	これまでの「おやこえいご」の積み重ねが花開き始める頃。「なんとなく聞く」のインプットを卒業し、「精聴」をして意識的に英語の音を聞きましょう。このタイミングで一度しっかり発音を練習するのもおすすめ。学習能力もついてくるので、文法にも取り組みましょう。	お金の使いどき。お金も時間も英語に費やして、ぐっと英語の成果を出したい時期です。英語教室に通うなら週2回は行けるとよいでしょう。また、この時期に一度、ホームステイなどの海外経験をさせてあげるとベスト。
中学校～高校 [英語の定着期]	思春期は、親子でコミュニケーションを取ることができる状態を保つことを第一に。英語学習面では、「文法の確認」と「音読」をすることで、英語力の定着を図りましょう。この時期までに一度は海外経験をさせてあげましょう。	お金の使いどき。子ども自身が興味を示していなくても、海外経験は必ず子どもの財産になるので、ホームステイや留学などをさせてあげるのが理想。できれば高校で1年くらい留学できるとよいでしょう。

▼0歳〜1歳半

0歳〜1歳半の時期は、**パパママとの直接のコミュニケーションが大切**です。ですから、ベビーマッサージや抱っこなど、子どもとのふれあいの時間を大事にしながら、要所要所で英語を取り入れていくことを目指します。たとえば、わらべ歌の英語バージョンをいくつか覚えて、子どもに歌ってあげたり、英語の絵本を見せたり、英語の歌を聞かせたりすることができます。

一番大事なのはパパママとの直接のコミュニケーション。ふれあいを大切にしながら、ときどき英語を織り交ぜていきましょう。

▼1歳半〜幼稚園

1歳半〜幼稚園までの間は、**「おやこえいご」の黄金期**と言えます。**この時期にどれだけ英語のインプットをできるのかが勝負になります。**この時期の子どもたちは、まだ英語に対する抵抗もないですし、英語の音への柔軟性がありますから、素直に英語のコンテンツを楽しんでくれるのです。非常に貴重な時期です。

詳しくはこの後でお話ししますが、この時期の**インプットに最適なのは「動画」**です。年齢の低いうちは、"Sesame Street"のような、実際に子どもが登場する幼児番組が最適です。そうした幼児向けの動画では物足りなくなってきたら、次はアニメを見せるといいでしょう。ちなみに、「アニメを見るときは英語のみ」を徹底させるのがおすすめです。また、「英語は言語」であることを実感してもらうためには、対面の英語コミュニケーションも大切です。おうちでは、動画やＣＤでの英語のインプットを続けながら、週に１回英語教室に通うことができると、さらによいでしょう。

「おやこえいご」の黄金期。英語の音への柔軟性があるこの時期に、子どもの好きな動画を使って、英語の大量インプットを！　週に１回英語教室に通うことで、相乗効果が高まります。

▼幼稚園～小学校低学年（1～3年生）

この時期は、別名「英語イヤイヤ期」です。幼稚園や学校のことで忙しくなり、子ども自身が英語以外のことにいろいろと興味を持つようになっていきます。また、周りのお友達の影響で、アニメも絵本も「みんなと同じ日本語のものがいい」と主張するようになります。ですから、あまり英語にこだわりすぎず、子どもが興味を持っていることをいろいろと経験させてあげてください。動画やCDを使った英語のインプットはできる限り続けてほしいのですが、英語の時間は多少減っても構いません。

というのも、幼稚園に入るまでに「おやこえいご」でのインプットがしっかりできていれば、英語の音をきちんと理解できる「英語耳」が作られているはずだからです。ですから、**幼稚園の間は「英語耳の維持」だけでも大丈夫**です。

ちなみに、小学校入学後も「英語耳の維持」が続きます。ただ、小学校に入ると、幼稚園にも増して子どもは忙しくなります。勉強との長い戦いの火ぶたが切られ、激動の時代に突入します。

この時期は、学習に対する苦手意識を持たせないように注意が必要です。この時期に無理やり英語をやらせることで、子どもが英語のみならず学習全体を嫌いになってしまっては元も子もありません。ですから、英語が多少お留守になってしまうのもやむを得ません。それよりも、英語に限らず、**学びの楽しさ全般を共有することを優先**しましょう。

この時期、英語をゼロにしないために、英語教室をうまく使ってください。英語動画をサボりがちになってしまうこの時期こそ、英語教室を味方に付けましょう。週に1回英語教室に通い、英語での直接のコミュニケーションを取ることが、子どもを英語モードに引き戻してくれるのです。

英語以外にも、子どもが興味を持つことを優先しましょう。この時期は「英語耳の維持」でOK。小学校に入ってからは、学習や学びの楽しさを育むことで、その先の英語学習がスムーズになります。

▼小学校高学年（4～6年生）

ここからは、英語の頑張りどきです。小さい頃にまいた英語の種が、芽吹き始める時期なのです。ですから、小学校4年生になったら、少々他のことを犠牲にしてでも、英語に力を注ぎましょう。ただし、どれだけ花開くことができるかは、それまでにどれだけ英語のインプットをしてきたか、によって変わります。「小学校高学年が頑張りどきなんだから、英語はそれまで放置していてもいい」ということではないので、そこは間違えないようにしてください。

英語のインプットは引き続き行ってほしいのですが、この時期からは**「なんとなく聞く」を卒業して「精聴」をするとよい**でしょう。動画で英語の音のインプットを積み重ねてきた子は、もう英語の音自体には慣れているはずですから、意識的に聞く練習が効果的です。

また、**この時期は「発音」と「文法」を始めるのにも最適**です。発音は、大人になって変なクセがついてしまってから矯正するのは大変です。ですから、まだクセがついておらず、かつ英語の音に慣れている、このタイミングで一度しっかり発音を練習するのがおすすめです。また、高学年になると学習能力も身に付いてきますから、だんだんと文法を理解できるようになってきます。中学からの英語は、どうしても試験を意識してしまい「間違えちゃいけない」という感覚が強まります。そうすると、文法が嫌になってしまう可能性がありますから、間違えても何の影響もない小学生のときに、文法をある程度身に付けられるといいでしょう。

そして、子どもの英語教育へのお金の使いどきは、この時期からです。6年生くらいで、最初の海外ホームステイなどを体験できるのが理想です。

英語の頑張りどき。そして、英語へのお金の使いどき。「なんとなく聞く」のインプットを卒業し、「精聴」「発音」「文法」などに取り組みましょう。この時期に一度、ホームステイなどの海外経験をさせてあげるのがベスト。

▼中学校〜高校

中学校〜高校は、まさに思春期ど真ん中の時期。特に中学生のうちは、親の意志や考えで、子どもに何かを「無理やりさせる」ということは不可能でしょう。ですから、英語に限らず「あれをしなさい、これをしなさい」といった、子どもへの口の出しすぎには注意が必要。反抗期には子どもが全然口を利いてくれない、といった話もときどき耳にしますが、せめて会話ができる状態にはしておきたいものです。そうすれば、勉強のことでも進路のことでも、大切なことをきちんと話し合うことが可能だからです。つまり、この時期に最も大切なことは、**子どもとコミュニケーションを取ることができる状態を保つこと**です。

この時期、英語学習の面では**「文法の確認」と「音読」をすることで、英語力の定着を図る**ことを目指しましょう。中学の英語の授業は「日本語を使って、英語の仕組みを先生が説明してくれる」時間です。これまで、「おやこえいご」で感覚的に理解していただけの英語も、文法の説明を通してその仕組みが理解できると、とても面白く感じることでしょう。

また、教科書を「音読」することもおすすめです。音読をする際には、英文の意味のまとまりごとに読んでいくことを意識しますから、必然的に英文の構造理解が求められます。声に出して読むことで、日本語とは違う英語の語順に慣れる練習にもなり、習った文法の定着を図ることができるのです。また、実際に自分で声に出すことで発音練習になり、英語のリズムやイントネーションも身に付けることができるでしょう。これらは、英語で実際にコミュニケーションを取るときに非常に重要な要素なのです。

そして、まだお子さんが海外経験をできていない場合は、数週間で構いませんから、ぜひ海外ホームステイを検討してみてください。海外に出て、同年代の外国の友達ができるのは、子どもにとって本当にかけがえのない経験になると思います。実際に英語でコミュニケーションを取ることで、「もっと聞きたい」「もっと話したい」という気持ちが起きやすくなりますし、そうすれば生きた英語を習得しやすくなります。たった数週間の体験かもしれませんが、帰国後にもＳＮＳを使えばメッセージを送ったり話したりすることができますよね。**実際のコミュニケーションで英語を使うことで、お子さんに英語の価値を実感してもらえたら、初めての海外経験は大成功でしょう。**

思春期は、親子でコミュニケーションを取ることができる状態を保つことを第一に！　英語学習面では、「文法」と「音読」を中心に英語力の定着を図りましょう。この時期までに一度は海外経験をさせましょう。外国の友達との出会いは、子どもの英語へのモチベーションを上げてくれるはず。

◉1歳半~幼稚園までに「動画」で英語の大量インプットを

さて、18歳でバイリンガルを目指す「おやこえいご」の道のりを簡単にご紹介しました。第5章の「月齢別・年齢別！『おやこえいご』の進め方」で、より詳しく説明しますので参考にしてください。

英語への最適な取り組み方は、発達段階に合わせて変わりますから、もちろんどの時期も大切です。でも、**この中で最も重要なのは、1歳半~幼稚園までの「おやこえいご」の黄金期です。英語のインプットにはこの時期が最適なのです。**この時期の子どもには、まだ英語の音への柔軟性があります。「英語はわからないから嫌だ！」といった英語への抵抗が少なく、親の工夫次第で英語のコンテンツを楽しむことができます。この貴重な時期に、どれだけ英語をインプットできるかで、この後の英語学習に大きな差が生まれるのです。

「おやこえいご」における最強のインプット方法は、1歳半~幼稚園までの間に「英語の動画を見せる」ことです。動画は、「ムリなく、ムダなく」バイリンガルに育てるために、とても効果的なのです。

英語のインプット方法にはＣＤや絵本などもありますが、**動画は「英語は言語」であると子どもに認識してもらうのに便利**です。毎日の生活の中で「周りの人たちがみんな英語を話している」という状況に子どもを置くのは難しいものです。しかし動画であれば、登場人物やキャラクターたちが英語で会話をしている様子を、子どもに見せることができるのです。

また、英語が聞き取れない段階では、視覚からの情報が役に立ちます。これは大人でも同じですが、何を言っているのかわからない音声を聞き続けるのは苦痛ですよね。英語のインプットは、とにかく続けることが大切ですから、子どもが嫌になってしまっては意味がありません。動画であれば、キャラクターたちの動きややり取りを見ることができるので、**子どもも楽しんでくれます。**

そして何より、**動画はパパママの負担が少ない**のがいいところ。YouTubeなどを使えばお金はかかりませんし、動画を流しておけば、パパママが手を離せないときも子どもは楽しみながら英語に触れることができるのです。

ちなみに、１歳半〜幼稚園までの間は**「動画は英語のものだけにする」**ことを徹底するといいでしょう。「他の子たちがアンパンマンを見ているのに、うちの子だけかわいそう」なんていう意見はナンセンスです。また「日本語も英語も両方見せればいい」というのは、無理に等しいと思います。両方見ることができるなら、子どもは馴染みのある日本語のほうを見たがるようになってしまうからです。しかし、英語の動画しか見せていなければ、子どもたちは「日本語の動画」の存在を意識することがないのです。

幼稚園以降は、どうしても十分な英語のインプット量を確保するのが難しくなります。この年齢になれば、日本語も一通り理解して会話ができますから、CDも絵本も動画も、日本語のほうが楽しめるようになりますし、本人もそれを自覚し始めます。また、周りのお友達の影響で、魅力的な日本語のアニメの存在を知ってしまうと、「私も日本語のアニメが見たい！」と主張する日がやってくるのです。ですから、その日までは、なるべく英語のコンテンツに集中してください。英語に十分馴染み、日本語・英語どちらのコンテンツも楽しめるような状態にしておくのです。

「けっこう強引なやり方だな」と思われるでしょうか。でも、日本でバイリンガルを育てる以上、これくらいのことをしないと必要十分なインプットは確保できません。そして、この時期の十分なインプットが、子どもの将来の英語力をぐんと伸ばしてくれるのです。「何もしなくても気付いたら自然とバイリンガルになっていた……」なんていうのは、きれいごと。**バイリンガルは「きちんと計画してこそ」作られるもの**なのです。

子どもはいずれ、幼稚園、小学校、中学校と新しいコミュニティに入り、さまざまな体験をして、自分の興味関心を深めていきます。そして自分が夢中になれるものを見つけていきます。英語なんてそっちのけで、のめり込めるものが見つかることでしょう。それ自体はとても素晴らしいことですし、親としてはそれを支え応援したいものです。

では、「親には何ができるのか」と考えたとき、第1章でもお伝えしたとおり**「英語は親から子どもへのプレゼント」**になるのです。これからの時代、子どもが自分の夢を追いかけるとき、英語が役に立つ可能性は非常に高いのです。また、子どもがなかなか夢を見つけられなかったとしても、英語ができることは将来の選択肢を増やしてくれます。

そして、**親から子どもへのプレゼントで最も強力なのが「幼少期のインプット」**です。英語の大量インプットは、最強の方法でありながら、親のちょっとした心がけで実現できるものなのです。

◉週1回の英語教室は、パパママの強い味方

1歳半〜幼稚園までの「おやこえいご」の黄金期には、動画を使って英語の大量インプットが大切だとお話ししました。それに加えて、ぜひ取り入れていただきたいのが**「週1回の英語教室」**です。英語教室は、無料のYouTube動画と違ってお金がかかりますが、やはり**英語に関しては、直接のコミュニケーションに勝るものはありません。**たとえ、まだまだ英語を話せなくても、先生やお友達との英語を使ったコミュニケーションは、子どもに「英語は言語」だということを実感してもらうための最も手っ取り早い方法です。

また、英語教室はパパママにとっての強い味方でもあります。おうちでは「動画を使って英語をインプット」すればいいのですが、実際に「おやこえいご」を実践しようとすると、さまざまな疑問が出てくることでしょう。たとえば「英語の動画はどんなものを見せるのがいいのだろう」「親の発音がきれいじゃないから、おうちでは英語で話しかけないほうがいいのだろうか」といった疑問です。

ここで親御さんが悩んだり、うまくできない自分を責めたりしてしまっては、誰も幸せになれません。「ムリなく、ムダなく」続けるのが「おやこえいご」です。ですから私は、こ

こはプロの手を借りることを勧めています。子どものことを大事にできる英語のプロ、つまり英語教室は幼児英語教育の強い味方になるのです。幼児期の英語に欠かせないインプットは、量もさることながら質も大切。絵本や歌、動画など、子どもが興味を持つことができ、きちんと英語習得につながる「プロのおすすめ」を知ることは、英語の習得を効率的かつ効果的にしてくれます。

それに、英語教室に通えば、子どもの英語教育に熱心なパパママとの出会いがあります。英語に興味のあるパパママと情報を交換できたり、相談に乗ってくれる人たちができたりすることは、とても心強いことでしょう。子育ても、子どもの英語教育も、孤立しないことが大切です。

1歳半〜幼稚園という「おやこえいご」の黄金期。**おうちで動画を使って英語の大量インプットを続け、週1回の英語教室で子どもに英語でのコミュニケーションを楽しんでもらいましょう。**

動画については第3章で、その効果や、動画の選び方などについて詳しく紹介します。

また、英語教室については第4章で、いい教室の選び方や、英語教室を続けるうえでのコツなどについてお話しします。**動画と英語教室の組み合わせで、「ムリなく、ムダなく」バイリンガルを目指しましょう。**

Column 2

英語はネイティブを目指さなくていい！

「ネイティブは、子どもに対してしか“What's your name?”と言わない。そんなのは日本人英語だ！」といった話があります。確かに、人に名前を聞く際には、慎重に言葉を選ばなければならない場合もあると思います。状況によって言い方が異なるのは、日本語でも同じです。「お名前は？」と聞いていい場合もあれば、「失礼ですが？」とだけ言う場合もありますよね。

同じことを言うのにさまざまな言い方があるのは、英語でも同じ。“What's your name?”が万能ではないことくらい、「英語は言語」だとわかっていれば想像がつくものです。ネイティブなら、バラエティーに富んだ言い方で柔軟に対応できる場合もあるでしょうが、英語学習者がややおおざっぱな言い方をして責められる筋合いなどありません。洗練された言い方ができないことを恥じて黙ってしまうより、自分が言える範囲の英語を使って、どんどん話すほうがいいに決まっています。

私たちは、外国語を身に付けようとしているのです。それは並大抵のことではありません。**国際的なコミュニケーションのために英語を身に付けるのであって、ネイティブ並みのナチュラルで洗練された英語を目指さなければいけないわけではありません。**国際コミュニケーションのための英語なのですから、さまざまな国の人と会話をする際にはネイティブにも努力が必要です。こうした場では、あまりに地域独特な発音やカジュアルなイディオムなどを使うことは、ネイティブも避けるべきでしょう。

もちろん、ネイティブを黙らせるほどの英語力を身に付けることは武器になります。発言力が増します。これからの日本人には、しっかりとした英語力を身に付けてほしいし、どんどん世界に発信していってほしいと思っています。私が「おやこえいごくらぶ」を始めたのも、そうした英語力を持った日本人を増やしたいという思いからです。

でもそれは、ネイティブっぽい言い回しや、ネイティブっぽい発音を目指すこととは少し違います。結果としてそうなるのは構いませんが、目指さなければならないものではないし、できないからと責められるものでもありません。

私がオランダの中学校の授業を見学していたときのことです。見学者である私に興味を持った生徒が、"Who are you?" と話しかけてきました。英語の敬語では、こんな言い方は失礼にあたります。でも私は、そうやって声をかけてくれたことが何より嬉しかったのです。

「その聞き方は無礼だ！」と非難するのは簡単です。でも、国際共通語を使ってコミュニケーションを取ろうとしてくれた子に、そんなことを言うのはナンセンスです。もちろん、きちんとした英語を話せるに越したことはありませんが、間違いを恐れて英語を話せなくなってしまうのは本末転倒です。

大前提として**「英語は言語」、コミュニケーションの手段**なのです。英語を学ぶ全ての方に、いきいきとコミュニケーションを楽しめる人になってほしいと思います。そして、そこに英語力が加わったら百人力ですよ。

Chapter 3

動画で楽しむ「おやこえいご」

英語のインプットには「動画」が最適！

さて、第2章の終わりでお伝えしたように、幼児期の英語のインプットに便利なのが「英語で動画を見せる」ことです。ヨーロッパきっての英語最強国であるオランダでは、英語による動画（テレビ）が、国民の英語力に一役買っているようでした。オランダの子どもたちは、成長するにつれ、オランダ語より英語のテレビ番組を見るようになります。"Boring TV is in Dutch. Interesting TV is in English."（つまらないテレビは、オランダ語。面白いテレビは英語。）なんていうジョークが飛び交っていました。

オランダにも、オランダ語によるテレビ番組はあるのですが、規模が小さいこともあるのか、アメリカやイギリスのテレビ番組のレベルには達していないのかもしれません。また、イギリスからとても近いという地理的な事情もあるのでしょう。オランダの子どもたちのなかには、イギリスの放送局ＢＢＣの子ども番組を見て育つ子も多いそうです。ですから、オランダの子どもたちは、アメリカやイギリスのテレビを自然と字幕なしで見ることになるのです。

私がオランダでインタビューをした人のほぼ全員が「英語でテレビを見ているうちに、いつの間にか英語ができるようになっていた」と言っていました。もちろん、学校でもきちんと勉強しているでしょうから、それだけではないと思います。でも、インタビューに答えてくれたほぼ全員が自覚しているほど、**「英語でテレビを見る」ことが「英語の入り口」**だったということです。

私も、2人の子どもが小さい頃から、**「動画は英語で見る」**を原則にしていました。もちろん当時は、完全に内容を理解していたわけではありませんが、2人とも嫌がることなく見ていました。しかし、子どもが4歳〜5歳になってから、初めて英語で動画を見せようとすると、「英語は嫌だ！　わかんないから日本語にして！」と拒否されます。今までずっと日本語で楽しんできたアニメなどを、理解できない英語で見なければならないのですから、これは子どもにとって当然の反応だと思います。しかし、幼稚園に入る3歳頃までに英語をある程度インプットしておくと、4歳〜5歳になっても、もっと大きくなっても、英語で動画を見ることを嫌がらないのです。

幼稚園に入る頃までに、動画で英語のインプットを繰り返してきたお子さんは、英語を耳から取り入れています。しかも、インプットしているのは、ネイティブの子どもたちが楽しむ自然な英語です。大人がテキストや単語帳から英語を学び、自分なりの発音で覚えていくのとは、やり方が正反対なのです。

自然なコミュニケーションの中で使われる英語を聞いて育っているお子さんは、聞いた英語をすぐに真似することができます。発音もクリアです。私の教室の子どもたちは、もし発音が間違っていても、少し直してあげるだけですぐにクリアになります。これまでしっかりインプットしてきたため、「英語の音」を聞き取る耳が出来上がっているのですね。

インプットが少なく、発音の基礎が身に付いていないと、「聞いた英語をそのまま真似してみる」のは無理に等しいです。なんとか言わせようとすると、とても短い不自然なセンテンスになってしまいます。“Pencil, please.”とか“Paper, please.”とか、普通使いそうにない英語を、わざわざ子どもに練習させたくありません。

一方で、十分なインプットがある子どもは、長めの文章でもすぐに暗唱できるようになります。聞いた音をそのまま真似したり暗唱したりする力は、適切なアウトプットにつながるので、その後の英語習得をスムーズにしてくれます。

動画がおすすめな理由1

子どもに「英語は言語」だと認識してもらえる

繰り返しになりますが、子どもにはまず、英語は「勉強する対象」である以前に、一つの「言語」なのだということを、理解してもらうことが重要です。この理解を飛ばして、学校で初めて英語に出会うと、どうしても英語が「勉強する対象」になってしまいます。

動画は、「英語は言語」だということを子どもに伝えるのに、非常に手軽な方法なのです。なぜなら、再生ボタンを一つ押すだけで、登場人物やキャラクターたちが子どもの目の前で「英語の会話劇」を繰り広げてくれるからです。こんな手っ取り早い方法、他にはないのではないでしょうか。

現実で、「周りの人たちがみんな英語を話している」という状況に子どもを置くことは難しいでしょう。インターナショナルスクールに通う、英語のネイティブスピーカーと日常的に接する、頻繁に海外を訪れる、などのチャンスに恵まれることはそうそうありません。それらの代替として「動画」が役に立つのです。ですから、登場人物やキャラクターたちが英語で会話をする動画を見せることで、**「英語はコミュニケーションのツール」**なのだということを、子どもたちに知ってもらいましょう。

動画がおすすめな理由2

英語がわからなくても楽しめる

大人が映画を使って英語学習をするときも同じですが、動画というのは、英語を聞き取れなくても、登場人物の動きを見ることで、ストーリーの大きな流れをつかむことができます。でも、これが映像なしの音声だけだったらどうでしょうか。「英語を勉強するぞ」という、強い意志のある大人でも続けるのは困難だと思います。ましてや子どもは、「英語をやりたい！」という意志があるわけでもありません。ですから、英語がわからなくても、目と耳の両方で楽しめる動画がいいのです。

小さいうちは、子ども自身に「英語を聞き取る」という感覚がなくても問題ありません。純粋に、キャラクターが好き、お話が好き、といった理由で動画を見るだけで構いません。どんな理由であれ、**英語の動画を見続けることで、子どもにとって英語のある環境が当たり前になっていきます。すると、英語に対する抵抗感を持たずに育ってくれるのです。**それに、子どもは無意識であったとしても、英語の音もちゃんと敏感にとらえています。

子どもが英語を続けられるかどうかは、子どもの意志ではなく、親の工夫次第です。**子どもが好きな動画を流すことで、子どもが楽しんで英語に触れられる環境を作りましょう。**

動画がおすすめな理由3

パパママの負担が少ない

子どもが英語を続けられるかどうかは親の工夫次第、と言いましたが、パパママだって忙しい。仕事や家事をこなしつつ、子どもにご飯を食べさせて寝かせるだけで大変です。そんな生活の中で、さらに子どものために親が英語を勉強するのは負担が大きすぎます。

動画は、パパママが手を離せないときなどでも、流しておくだけで子どもは楽しむことができます。もちろん、子どもとのコミュニケーションのため、親子で一緒に見る時間は必要です。でも、「おやこえいご」は長期戦です。**英語は、ものすごい労力をかけなくてもいいから、毎日欠かさず、何年も継続できることが大切。動画は、非常に効果的なうえ、パパママの負担が軽いインプット方法なのです。**

また、経済的にも負担が軽いのが動画です。YouTubeやテレビには、無料で楽しめる動画がたくさんあるのですから、これらを使わない手はありません。子どもがハマるかどうかわからないのに、いきなりＤＶＤセットなどを買うのは少々リスキー。子どもはハマったものを繰り返し見たがることが多いので、まずはいろいろなコンテンツを見せてあげるといいでしょう。その際に、無料の動画を利用すれば、気軽に試すことができるのです。

◉なぜ聞くだけではなく動画を見るのがいいのか

さて、インプットの方法として動画視聴をおすすめすると、「なぜ動画でないといけないのか。インプットは聞くことが中心なのであれば、CDのかけ流しや、絵本の読み聞かせなどでもいいのでは？」というご質問を受けることがあります。

私の答えは、CDや絵本がダメなのではなく、それらだけではインプットが足りない、ということです。動画のメリットは「①子どもに『英語は言語』だと認識してもらえる ②英語がわからなくても楽しめる ③パパママの負担が少ない」ことだとお話ししました。つまり**動画は、幼児期に必要な大量のインプットを「ムリなく、ムダなく」確保するために、最適なツール**だということです。

たとえば、CDのかけ流しは、パパママの負担は少ないですが、子どもに「英語は言語」であることを伝えるには不十分ですし、動画のように目からのインプットがないので、子どもが飽きてしまう可能性があります。もちろん、動画を見られない状況であれば、何もしないよりCDのかけ流しをしたほうがいいでしょう。ただ、CDだけでは満足なインプットはできない、ということです。

また、絵本の読み聞かせについては、まずパパママの負担が大きいです。絵本を1～2冊読む分にはたいしたことではありませんが、それではインプットが足りません。だからといって、2時間も3時間も絵本を読み続けるのは困難です。

実はYouTubeには、アニメだけでなく「絵本の読み聞かせ動画」というものもあります。これを使えば、「アニメはまだ早いかな」というお子さんでも、パパママの負担を最小限にして英語のインプットをすることができます。

ですから、CDじゃダメ、絵本じゃダメ、ということではありません。とくに、絵本の読み聞かせは、子どもには欠かせないもので、できれば毎日行いたいものです。日本語の絵本に加えて、英語の絵本もたくさん読んであげたいですね。しかし、できないときもあるでしょう。そういうとき、動画は強い味方になってくれます。**幼児期の英語インプットの質・量・効率などを考えたときに、動画がベストなツールなのです。**

◉動画を長時間見せたくないという方へ

英語の動画は、子どもに毎日見せることが大切です。「昨日は見たけど、今日は見なかった」というのは避けてください。理想は、英語の動画を毎日見るのが当たり前、見なかったら気持ち悪い、と思えるような状態を作ることです。そうは言っても、「我が子に動画を長時間見せるのは抵抗がある」「もしハマってしまい、何時間も見続けるクセがついたら将来が心配」という方もいらっしゃるでしょう。気持ちはよくわかります。

でも、英語の動画は「英語のインプットのためのツール」です。大人が英語を学ぼうと思ったら、英語を毎日聞く、英語に触れない日は作らない、というのが理想的だと思いますよね。子どもの場合も同じです。**英語習得のためには、大人と同じく毎日コツコツ、休まずインプットを続けることが大事ですし、そのためには動画視聴を日々の習慣にしてしまうのが手っ取り早いのです。**ただ、子どもは自分の意志で英語を勉強しているわけではないので、子どもの好きな動画を使うように勧めているというわけです。親御さんも子どもと一緒に動画を見れば、お子さんとのふれあいの時間が増えますし、プラスに考えてみてはいかがでしょうか。

また、長時間の動画視聴を懸念している方には、私はこのようにもお伝えしています。**「基本的に、健康的で規則正しい生活を送っていれば、そんなに何時間も動画を見る時間はないものですよ」と。**毎日何時間も動画を見ることは、実はかなり難しいことなのです。

例として、私の子育て時代を振り返ってみましょう。朝起床したら、着替えをして、朝ご飯を食べます(このとき、英語のCDをかけ流しします)。その後は、公園にお出かけ。公園で2時間も遊べば、あっという間にお昼の時間です。家に帰ってお昼ご飯を食べたら、今度はお昼寝。遅くとも午後3時には起こさないと、夜に寝付けなくなりますから、子どもを起こしておやつの時間にします(ここで、少し動画を見せます)。夕方になったら、近くのスーパーに買い出しに行きます。行き帰りには、あちこちで興味のあるものを見つけて、ついつい寄り道。あるいは、せがまれて公園遊びをすることもあります。そんなこんなで、家に帰ってきたら急いで夜ご飯の支度(このときこそ、子どもに動画を見せます)。そして、夜ご飯を食べながら、いろいろな話をします(もちろん日本語で)。夜ご飯の後はお風呂に入り、出てきた頃にはもう夜の8時半。読み聞かせ（日本語も英語も）をして、おやすみなさい！

つまり、動画を見せられるのはせいぜい2時間。外出の予定がある日もあります。それから、お友達が遊びに来る日もあります。そういう日には、当然そんなに動画を見せる余裕がありません。

ちなみにこれは、専業主婦の家庭での例です。共働きのご家庭で、子どもを保育園に預けているとなると、子どもが家にいる時間は非常に限られます。朝はバタバタ忙しいですし、保育園から帰ってきて寝るまで、2時間もあればいいほうではないでしょうか。その間にご飯やお風呂を済ませなければならないと考えると、動画を見せる時間はかなり少ないはずです。

ただ、英語のアニメは、一話が10分程度のものも多いですから、まとまった時間がとれなくても動画を楽しむことは可能です。忙しい朝は、ご飯を食べたり着替えたりしている間に、英語の歌や動画をＢＧＭ代わりにしてみてください。帰宅後は、パパママが夜ご飯の準備をしている数十分の間に、動画を見せることができます。

保育園に通っているお子さんの場合、限られた時間の中でどれだけ英語のインプット量を確保できるかが重要です。そして、インプット量の確保のためには、子どもがいかに英語のコンテンツに興味を持ってくれるかがカギになります。子どもは、気に入ったものを繰り返し見たり聞いたりするのが大好きです。ですから、お子さんのお気に入りを見つけたら、何度でも繰り返し見せてあげましょう。たくさんの種類のものを1回ずつ見るのではなく、種類は多くなくていいので、繰り返し見るように導くのです。

さて、ここまでお話ししてきたとおり、専業主婦のご家庭でも共働きのご家庭でも、子どもを動画漬けにする時間は案外少ないのです。反対に「動画視聴時間が長い」と感じるときは、今の生活が子どもにふさわしい健康的なものなのか、省みるチャンスなのかもしれません。ですから、実際には**「動画視聴の時間を確保するほうが大変」**と考えておきましょう。ごく一般的な、子ども中心の生活をしていれば、そんなに心配するほどのことはありません。

そうは言っても、そもそも外遊びに興味がないお子さんもいますし、さまざまな事情でおうちにいる時間が長いお子さんもいるでしょう。そうなると、動画を見せようと思ったら何時間でも見せられる、というケースがあるかもしれません。その場合には、**「動画は一日何時間まで」と、あらかじめ時間を決めておく**といいでしょう。その際、**日本語での動画視聴時間は限りなくゼロに近づけます。**そうすることによって、動画の見せすぎを防ぐのです。

英語動画はこうやって楽しむ!

◉子どもが夢中になれる動画を見せよう

動画のいいところは、ハードルが低くて、効率的に英語のインプットができるところだとお伝えしました。これを続けるためには、**何より子どもが好きなものを見せることが大切**です。子どもに「英語の勉強になるから動画を見る」という意識はないのですから、子どもが見たいものを見ていると同時に、英語をインプットしている状態を作るのが理想です。

これは以前、3歳の娘さんがいる友人と会ったときのことです。彼女は、「最近娘がすごくハマっていて」と、ディズニーの「アナと雪の女王」の絵本(日本語のもの)を持ってきました。それならば、「アナ雪」のDVDも見せているのだろうと思って聞くと、彼女は言いました。「DVDは買ってないの。『アナ雪』を買っちゃったら、せっかく買ったセット教材のビデオを見なくなっちゃうと思って」と。

子どもがそんなにハマっているものがあるのに、それを利用して英語のインプットにつなげないなんて、なんてもったいないのでしょうか。セット教材をおすすめできない理由もここにあります。高いお金を払って購入しても、子どもがその動画を気に入るかどうかなんてわからないのです。「アナ雪」にハマっているなら、その動画を見せたほうがよっぽどいいに決まっています。

私は、英語版の「アナと雪の女王」のインスタントビデオをiPadにダウンロードして、ネット環境がなくてもどこでも見られるようにしています。その友人の娘さんにiPadを渡したところ、魂を抜かれたように動画に見入っていました。この、「ハマっている」という感覚が大事なのです。

「子どもが見たいものを見せる」と言うと、「でも、もし子どもが教育上良くないものにハマってしまったら困る」という反論があるかもしれません。もちろん私も、「子どもがやりたいことは何でもやらせるべき」と言っているわけではありません。「子どもがやりたいこと」が、必ずしも「子どもにとって良いこと」ではないからです。

しかし、そもそも教育上良くないものは、親の心がけ次第で子どもの選択肢から外すことができます。たとえば、おすすめの動画をいくつかYouTubeのお気に入りに保存しておき、その中から子どもに選ばせれば何の心配もいりません。

「強いられた恵み」という言葉があります。私たち親の役目というのは、**「子どもにとって良いこと」を並べて、その中から子どもに好きなものを選ばせ、それを楽しめるようにサポートすること**ではないでしょうか。まだ判断力が弱い子どものときには、親が子どもに代わってチョイスすることが大切だと思います。

そうは言っても、選択肢を減らしすぎるのも好ましくありません。たまたまお友達のお家で見て気に入ってしまった動画が、親の視点からは好ましくなくて困った、ということもあるかもしれません。でも、それはそれ。ゲームでもビデオでもお菓子でもジュースでもそうですが、あまりに厳しく制限していると、そのうち子どもは「制限されたことをする」ことに、心がとらわれてしまうことがあるのではないでしょうか。私の子育て時代を振り返るとそんな気がします。親の思いと、子どもの願い――いつも一致するわけではないのが、やっかいなところです。

そもそも動画というのは、放っておいても子どもが見たがるものです。ですから、英語で動画を見せることは、子ども自身の「動画を見たい！」という気持ちと、「子どもの希望をかなえてあげたい」という親の気持ちの両方を満たすことができます。親も子も幸せになれるという意味でも、動画は「おやこえいご」に最適なのです。

◉英語動画の始め方

「おやこえいご」においては、幼児期の動画視聴が大変重要ですが、幼児期の中でも年齢別に見せたいものが変わります。次の順序で見ていくのがおすすめです。個人差もありますから、子どもの様子を見ながら、多少早い遅いがあっても構いません。

1歳半～3歳：英語の幼児番組や絵本の動画
3歳～：繰り返し見られる映画
4歳～：好きなアニメシリーズ

ここで注意していただきたい点が三つあります。一つ目は、**動画視聴は1歳半頃からスタートする**ということです。これに関しては、先にあげたパトリシア・クール博士の研究でも、「1歳前後の子どもには直接のコミュニケーションが有効」という知見が出ています。1歳半になるまでは、英語教室やパパママ、周りの人たちによる英語での語りかけに限定しておきましょう。その機会が得られないときは、日本語でたっぷり語りかけてあげて、まずは親子のふれあいを大切にしましょう。動画は、その後からのスタートにします。

二つ目は、**子どもの年齢が低いうちは、人間（できれば子どもたち）が登場して、コミュニケーションを取り合うような幼児番組を選ぶ**ということです。日本の幼児番組「おかあさんといっしょ」をイメージしてもらえばいいと思います。教材として作られたものではなく、英語圏の子どもたちが楽しんで見る動画を選んでください。そして、パパママも一緒に見ることで、親子のふれあいをキープしながら少しずつ動画を取り入れていきましょう。

三つ目は、**子どもが夢中になれる動画を見つけて「繰り返し見せること」**です。いろいろな動画をかき集めて、毎日違うものを見せる必要はありません。これは、子ども自身が、気に入ったものを繰り返し見たり聞いたりすることが好きだからです。教室で絵本の読み聞かせをしていても、読み終わったばかりの絵本を「もう一回読んで！」とせがまれることは多々あります。子どもというのは、この「繰り返し」を発達の過程で十分に行うことで、自然と言語を習得していくので、言語習得の観点からも「繰り返し見せること」は、英語の定着に効果的なのです。ですから、動画を見せるときには、新しいものを次々に与えるのではなく、「これでもか」というくらいに繰り返しを行って、「そろそろ飽きてきたかな」というタイミングで次のものを見せるようにしましょう。

3歳頃からアニメを見せる際には、次々に見られるシリーズもののアニメではなく、一話完結の映画タイプのアニメ（ディズニーやジブリなどの英語版）を使って、繰り返し見せてあげてください。ただ、幼稚園などを通してお友達とのふれあいが増えてくると、日本のシリーズもののアニメに興味を持つようになると思います。しかし、ここで英語の動画を全く見なくなってしまうのはもったいない。そこで、**子どもの興味を英語の動画に戻すための切り札として、英語で見られるシリーズもののアニメを使いましょう。**日本のアニメには英語版が出ているものがたくさんありますから（詳しくは126ページを参照してください）、それらを見せるのもよいでしょう。ただし、シリーズもののアニメでは、どうしても「繰り返し見せること」が難しいので、子どもが自分から見たがるまでは、積極的に見せる必要はありません。

◉英語動画の視聴方法とおすすめ動画

動画を見せるときは、「子どもが好きなもの」を見せましょう。でも、どうやって英語の動画を探せばいいのかわからない、という方も多いと思います。そこで、経済的にも「ムリなく、ムダなく」続けられる、おすすめの英語動画の視聴方法をご紹介します。

おすすめの動画視聴方法

動画視聴方法	料金
① YouTube	無料
② NHK Eテレ	受信料のみ
③ 動画サービス	1000円未満／月
④ 日本アニメの英語版 DVD	3000円前後

まずは、**YouTubeを使って無料の動画から始めるのがおすすめ**です。一番最初は、お子さんがどんな動画に興味を持ってくれるかわかりませんから、いきなりＤＶＤセットなどを購入するのは危険です。ですから、無料動画を使って、お子さんのお気に入りを探す感覚で、できるだけいろいろな動画を見せましょう。

そして、お子さんのお気に入り動画がわかったら、繰り返しそれを見せるようにしましょう。お子さんが飽きてきたら、また他の動画を見せて、次のお気に入りを探します。基本的には、YouTubeで無料動画を見せ、子どもが飽きてしまったら有料の動画も視野に入れる、というやり方でいいと思います。

●おすすめ動画視聴方法をもっと詳しく！

①YouTube（無料）

今では、YouTubeのおかげで、高い料金を支払わなくても、無料の動画を通して英語学習を楽しめるようになりました。本当に便利な時代になったものです。私が「おやこえいご」で子育てをしていた当時は、英語の動画を見たいと思っても、手軽にそれらを入手することはできませんでした。アメリカに行ったときに、ここぞとばかりに英語のDVDを買いあさっていました。英語の絵本なども同様で、一度にたくさん買い付けるので、日本に持って帰るのが大変でした。

それが今では、YouTubeを利用すれば、さまざまな動画を無料で手軽に見ることができます。YouTubeには、"Sesame Street" "Hi-5" "Barney and Friends" といった幼児番組も多数あります。また、昔話のストーリーテリングや、エリック・カールの "The Very Hungry Caterpillar" "Brown Bear, Brown Bear" または、後でご紹介するKaren Katzなどの有名な絵本の読み聞かせをしている動画もたくさんあります。こうした絵本の読み聞かせ動画は、絵本のタイトルで検索することができます。年齢が上がってきて、アニメを見るようになったら、"Peppa Pig""Dinosaur Train"などの海外アニメを見るのもいいですね。

ネット環境さえ整っていれば、誰でもどこにいても、さまざまな英語の動画を楽しむことができるのです。YouTubeさえあれば子どもの英語教育は可能だと言ってもいいくらいです。

おすすめのYouTubeチャンネル

分類	YouTubeチャンネル名	概要
リアル・幼児番組	Sesame Street	日本でもおなじみのアメリカの子ども向け教育番組。2015年にYouTubeチャンネルを開設し、テレビ版同様ドラマや歌を楽しむことができる。特にエルモのシリーズは2,3歳児向け。
	Hi-5	オーストラリアの幼児番組で、2人のお兄さんと3人のお姉さんによるポップな歌やダンス、鮮やかな衣装が大人気。
	Barney and Friends	アメリカの幼児番組。紫色の恐竜のバーニーと子どもたちが一緒に遊んだり、歌をうたったりする。会話も多い。
	Ryan ToysReview	「2018年に最も稼いだYouTuber」第1位に輝いた、6歳のライアンくんによるおもちゃなどのレビューチャンネル。動画制作を担当している両親との楽しげでリアルな英会話を聞くことができる。
	Blippi	アメリカで人気の教育動画チャンネル。きのこ帽子をかぶったおじさん・ブリッピーが歌い踊りながら英語の楽しさを教えてくれる。
昔話	Fairy Tales and Stories for Kids	誰もが知っている童話の英語版動画。さまざまな童話がわかりやすい英語に訳されているので、大人も子どもも楽しめる。
	Bedtime Story	さまざまな童話を英語で楽しめる。Fairy Tales and Stories for Kidsより日本のアニメの作画に近く、親しみやすい雰囲気が特徴。
歌	Cocomelon - Nursery Rhymes	アメリカの子ども向け童謡チャンネル。歌をうたいながら、英語のワンフレーズを楽しく覚えられる。
	Little Baby Bum - Nursery Rhymes & Kids Songs	YouTube有数の子ども向け教育チャンネル。キャラクターたちのアニメとともに、英語の童謡を楽しめる。

分類	YouTube チャンネル名	概要
歌	Pinkfong! Kids' Songs & Stories	オリジナルの歌やお話のある、知育童謡チャンネル。歌詞に合わせて英語を楽しく学べる。対象年齢も幼児〜小学校低学年くらいまでと広い。
アニメ	Bananas in Pyjamas	オーストラリアの子ども向けアニメ。パジャマを着たバナナ 2 人と、その周囲の動物たちの織りなすストーリー。1話が 12 分程度と短い。
	Peppa Pig – Official Channel	イギリス生まれの大人気プリスクールアニメ。ブタの女の子・ペッパとその一家のほのぼのした日常を描く。
	Caillou	カナダの幼児向けアニメシリーズ。4 歳の男の子・ケイルーが、家族や友達と繰り広げる楽しい日々を描く。
	Ben and Holly' s Little Kingdom – Official Channel	イギリスの子ども向け番組。小さい王国で暮らすフェアリープリンセスのホリーと小妖精のベンのかわいい冒険物語。
	Olivia The Pig Official channel	アメリカで Parents' Choice Award 銀賞を獲得した子ども向けアニメ。ブタの女の子・オリビアの日常を愉快に描き出す。
	Dinosaur Train Official	恐竜たちが蒸気機関車・ダイナソートレインに乗って冒険する、機関車と恐竜の英語アニメ。古生物学者による子どものための恐竜講座もあり。
	PJ Masks Official	フランスの絵本原作のフル CG アニメ。6 歳のグレッグたち仲良し 3 人組は、昼間は普通の小学生、そして夜は町の平和を守るヒーロー・パジャマスクに変身！
	Kids Channel - Cartoon Videos for Kids	子ども向け知育動画を集めたチャンネル。さまざまな種類のアニメや歌がそろっている。

②ＮＨＫ　Ｅテレ（受信料のみ）

ＮＨＫ Ｅテレでは、英語で見られるアニメが豊富にあります。たとえば、子どもに人気の「きかんしゃトーマス」や「おさるのジョージ」。また、少し英語の難易度が上がりますが、「スポンジ・ボブ」や「スヌーピー」なども見られます。

日本語から英語への切り換えは、リモコンの「音声切換」「字幕」ボタンで簡単に行えます。録画しておけば、繰り返し何度も見られるのでおすすめです。

③動画サービス（1000円未満／月）

現在、さまざまな動画のストリーミングサービスがありますが、英語音声の動画が豊富にあるのはNetflixとHuluです。Amazonプライムビデオやd T Vなどもサービスとしては有名なのですが、英語音声のコンテンツには乏しく、吹き替えのものばかりなので「おやこえいご」にはあまり使えません。

また、音声は英語でも「日本語字幕」が消せないものも多いのです。子どもがだんだん日本語を読めるようになってくると、字幕に意識が移ってしまい、英語の音声に集中しなくなってしまう恐れがあるので、日本語字幕を消せないものはできるだけ避けましょう。

そして、NetflixとHuluを比較すると、**Netflixのほうが、子ども向けアニメのオリジナル動画が豊富なので断然おすすめです。**こうした動画ストリーミングサービスでは、一定期間を過ぎると配信が終了されるものも多いのですが、オリジナル作品であればその心配がありません。「ボス・ベイビー：ビジネスは赤ちゃんにおまかせ！(The Boss Baby：Back in Business)」「ことばのパーティ(Word Party)」「スーパーウィングス(Super Wings)」「スーパーモンスターズ(Super Monsters)」などは子どもたちにも人気ですし、お子さんのお気に入りアニメを、いつでも何回でも見せてあげられるのは嬉しいですよね。

さらにNetflixでは、英語音声の動画にも「英語字幕」を設定することができます。英語字幕を付けながら英語の動画を見ることは、大人の英語学習にもとても効果的な方法です。お子さんと一緒に動画を見ながら、パパママも英語力アップを図ることができるのでおすすめです。

ちなみにNetflixは、月額８００円からと値段も手頃。視聴プランによっては月額料金が上がりますが、「おやこえいご」で使用する分には、月額８００円のベーシックプランで不自由ありません。

おすすめの Netflix オリジナル動画

日本語タイトル	概要	話数
ボス・ベイビー ：ビジネスは赤ちゃんにおまかせ！	見た目は赤ちゃん、中身はエリートビジネスマンのボス！ でおなじみのヒット映画「ボス・ベイビー」のスピンオフアニメ。ボス・ベイビーたち兄弟が再び騒動に巻き込まれる。	26
ロボカーポリー	韓国のテレビアニメシリーズ。変形できる車たちが互いに助け合いながら暮らす日常を描く。また、交通安全の知識も身に付けられる。	78
スーパーモンスターズ	誰もが知っている有名モンスターを親に持つ、ちびっこモンスターたちの物語。大人も子どもも楽しめる質の高い作品となっている。	16
ことばのパーティ	あの「セサミストリート」を制作したスタッフたちが送る幼児向け教育番組。4 匹の動物の赤ちゃんたちが、遊びながら言葉を覚えていく。	40
ヒックとドラゴン ：新たな世界へ！	数々の賞に輝いた大ヒット映画「ヒックとドラゴン」の続編連続アニメ。青年になったヒックが相棒・トゥースとともに新たな冒険に旅立つ。	78
ヒルダの冒険	2019 年アニー賞で三冠を獲得した、イギリス発 Netflix オリジナルファンタジーアニメ。自然の中で育った少女・ヒルダが紡ぐ、優しい物語。	13
マジック・スクール・バス ：リターンズ	1994 年に放映された同作品のフル CG リメイク版。不思議なスクールバスに乗って、自然科学を楽しく学べる。	26
バンザイ！キング・ジュリアン	映画「マダガスカル」の人気キャラクター・キング・ジュリアンを主役にしたスピンオフ。「マダガスカル」の前日譚として、王位を受け継いだジュリアンの奮闘を描く。	65

日本語タイトル	概要	話数
トロールハンターズ：アルカディア物語	ギレルモ・デル・トロ監督製作総指揮の SF ファンタジーアニメ。トロール・ハンターに選ばれた少年たちの数奇な運命の物語。	52
ルナ・ペチュニア	シルク・ドゥ・ソレイユの革新性・想像性を織り込んだ新しい子ども向けアニメシリーズ。主人公ルナ・ペチュニアが夢の国・アメージアを旅して成長していく。	22
カズープ！	わくわくする音楽に乗せて、想像力がどんどん膨らむ！ 想像力豊かな少年・モンティの、ほのぼの新感覚アニメ。	26
ビートバグズ	「ビートルズの音楽を新しい世代の子どもたちに伝えたい」というコンセプトのもと制作されたオリジナルアニメ。ビートルズの音楽に合わせて、小さな虫たちの大冒険が始まる！	26
スポンジ・ボブ	アメリカで子ども向けアニメの第一線を走り続ける「スポンジ・ボブ」。海の底に住むスポンジ・ボブとその仲間たちが繰り広げる、愉快でハイテンションな毎日！	126
ソニックトゥーン	日本の人気ゲームシリーズの CG アニメ版。ソニックとその仲間たちが送る友情と戦いの日々の物語。	52
スーパーウィングス	韓国で制作されたオリジナルアニメ。ジェット機型のロボットたちが、日々巻き起こる小さな事件を解決していく。	52
ドーラといっしょに大冒険	ヒスパニック系の少女・ドーラが、冒険をしながら視聴者とともに英語を学んでいく知育アニメ。ドーラがこちらに話しかけてくる演出もあり、インタラクティブなやり取りを楽しめる。	52

* 掲載されているタイトル、エピソード数は 2019 年 3 月現在のもの

また、もう一つおすすめの動画サービスに「Disney DELUXE」があります。Disney DELUXEは、ディズニー、ピクサー、スター・ウォーズ、マーベルの4ブランドの作品を楽しむことができる、唯一のディズニー公式動画サービスです。月額700円（税抜）で、この4ブランドの作品から、Disney DELUXEでしか見られない作品まで、スマホやPC、テレビなどさまざまなデバイスで見放題なのです（登録可能なデバイス数は最大5台。同時視聴は4台まで）。

「アナと雪の女王（Frozen）」「ベイマックス（Big Hero6）」「トイ・ストーリー（Toy Story）」「ファインディング・ニモ（Finding Nemo）」「カーズ（Cars）」など、ディズニーやピクサーの作品は子どもたちにも大人気です。しかし、Netflix やHulu などの動画配信サービスでは見ることができないので、以前はDVDをレンタルしたり、地上波放送を録り溜めたりしなければなりませんでした。ところが、ディズニーとNTTドコモが提携し、2019年3月よりDisney DELUXE のサービスを開始。今では、「dアカウント」と「ディズニーアカウント」を登録するだけで、ディズニーやピクサーの作品を楽しむことができます（正確には、アカウントを登録後に利用できる「ディズニーシアター」というアプリで動画を視聴することになります）。ちなみに、dアカウントは、NTTドコモのユーザーでなくても作れるので、誰でも利用することができます。

そして、Disney DELUXEで見られる作品は、英語音声と英語字幕どちらも対応しています。ですから、Netflixでご紹介したのと同様に、英語音声で聞きながら英語字幕をつけておき、パパママも一緒に英語を学びながら動画を楽しめるといいですね。

④日本アニメの英語版ＤＶＤ（3000円前後）

海外発のアニメもいいのですが、やっぱり日本のアニメは面白い。ジブリ作品やポケモンなどは海外でも人気ですから、英語版のＤＶＤが入手できます。また、パパママもすでに日本語で見たことのあるアニメであれば、子どもと一緒に英語版を見ることで「英語だとこうやって表現するのか」という発見があり、楽しめます。

今まであげてきた他のサービスと比べると、どうしてもＤＶＤの購入は高くつきますが、それでも何万円もするわけではありません。「となりのトトロ」「崖の上のポニョ」などのジブリ作品であれば、Amazon.com（アメリカのアマゾンのサイト）で一作品２０００〜３０００円で購入できます。また、シリーズの多い「ポケモン」はとてもお得です。Amazon.comでは、安くなっていると18時間分が１８００円程度で、高くても23時間分が５０００円程度で購入できます。

お子さんの年齢が上がってきて、幼児向けのアニメでは退屈してしまう場合には、その時々で興味のありそうな英語版ＤＶＤを探してみましょう。少し値段は上がってきますが、「ワンピース」「ＮＡＲＵＴＯ」「名探偵コナン」などは英語版が見つかります。

英語版のＤＶＤは、Amazon.comで購入するのがおすすめです。Amazon.co.jpだと送料はかかりませんが、ラインナップが少ないうえ、DVDの値段がAmazon.comの2倍くらいすることがあります。Amazon.comの場合は、送料が1500円ほどかかりますが、DVDの単価は圧倒的に安いので、Amazon.comでまとめ買いするのがおすすめです。

なお、海外DVDを見るときには、一つ注意があります。DVDには、販売・利用される地域の情報を記載した「リージョンコード」というものが記録されていますが、アメリカと日本は違うリージョンになっているため、アメリカのDVDを日本で見るときには、「リージョンフリー」のDVDプレイヤーが必要です。リージョンフリーとは、DVDのリージョンコードにかかわらず、世界のどの地域でも再生することができる、ということです。リージョンフリーのDVDプレイヤーは、安いものであれば4000円弱で購入できます。一台持っておけば、アメリカのDVDに限らず、他の国のDVDも再生できるのです。

ちなみに、Blu-rayの場合、アメリカと日本は同じリージョンになっているため、リージョンコードを気にする必要はありません。ただ、日本のアニメの英語版となると、Blu-rayでは種類が少ないうえ値段が高くなります。そのため、Blu-rayを購入するよりも、リージョンフリーのDVDプレイヤーを用意し、アニメはDVDで購入することをおすすめします。

おすすめの日本アニメ・ジブリ映画(英語版)

▼アニメシリーズ

日本語タイトル	英語タイトル	Blu-ray 版の有無
ポケットモンスター	Pokémon	映画版がほとんど
名探偵コナン	Case Closed	なし
ドラゴンボール	Dragon Ball	Z 以降のシリーズはあり
ワンピース	One Piece	あり
NARUTO - ナルト -	Naruto	あり
ベイブレードシリーズ	Bayblade	初期シリーズのみあり

▼ジブリ映画

日本語タイトル	英語タイトル	Blu-ray 版の有無
となりのトトロ	My Neighbor Totoro	あり
千と千尋の神隠し	Spirited Away	あり
崖の上のポニョ	Ponyo	あり
天空の城ラピュタ	Castle in the Sky	あり
魔女の宅急便	Kiki's Delivery Service	あり
紅の豚	Porco Rosso	あり
ハウルの動く城	Howl's Moving Castle	あり
耳をすませば	Whisper of the Heart	あり

「おやこえいご」で動画を快適に楽しむために、**Amazonの「Fire TV Stick」、Googleの「Chromecast」、Appleの「Apple TV」などのメディアストリーミング端末が非常に便利です**。これらは、**YouTubeやNetflixをテレビで見られるようにする便利なデバイス**です。

これらのデバイスを利用して、テレビの大画面で動画を楽しめるようにすることは、子どもにスマホなどの小さい画面を凝視させずに済むので、目にいいのはもちろんです。また、子どもが他の遊びをしていても、テレビで動画をかけ流しておけば、ふとしたときに画面に注目してくれるかもしれません。一度注目してそのまま動画に見入ってくれれば、英語タイムも増えます。

そして、Fire TV Stick, Chromecast, Apple TVの最大の利点は、**子どもにスマホを持たせずに動画を見せられる**こと。子どもにスマホを渡して動画を見せていれば、あれこれいじってしまうでしょうし、そのうち日本語の面白い動画を見つけて、英語を嫌がるようになってしまう可能性もあります。子どもが大きくなって、自分で興味のあるものを探すのはもちろんいいことです。でも、英語のインプットに最適な幼児期には、**親御さんが動画の主導権を握っていてください。**この貴重な時期に、どれだけ英語をインプットできるかは、親御さんの工夫次第です。

Fire TV StickとChromecastはどちらも約5000円、Apple TVは1万円以上と少し値が張ります。それぞれサービスが少しずつ異なりますが、いずれも「テレビで英語の動画を楽しむ」という「おやこえいご」としての使い方は可能です。購入費がかかるとはいえ、この先ずっと利用できるものですし、幼児期の英語環境を整えるにはとてもおすすめです。

◉いずれやってくる英語イヤイヤ期対策

幼稚園に入る前は、パパママの見せる英語の動画を素直に楽しんでいた子どもたちも、幼稚園に通うようになると変わります。新しくお友達ができ、そこで情報交換が行われると、「○○ちゃんが見ているアニメが見たい！」と、他の子たちが見ている日本語のアニメに興味を持つようになるからです。

ちなみに、私の娘は、幼稚園の年中さんのときにその日を迎えました。そのときは、「まあ、これまでよく頑張ったよね」と思い、日本語の動画を解禁しました。でも、それまで英語の動画を長く見続けてきたことで、この時点で娘には「英語の動画を楽しむ力」がしっかりと身に付いていました。同じ「日本語のアニメを見る」でも、「英語の動画なんて全然わかんない！　つまらない！」となってしまうのと、英語の動画も楽しむことができるのとでは全然違います。後々の英語力に大きな差が生まれます。

子どもたちが「英語イヤイヤ期」を迎えたとき。それは、パパママの踏ん張りどきです。幼稚園時代の「おやこえいご」は、ある意味「つなぎ」だと思って構いません。3歳までのような、何でも英語で楽しめる時期は過ぎてしまっています。しかも、小学生ほど学習に対する準備も整っていません。英語を「楽しむ」のも中途半端、英語を「学ぶ」のも中途半端、という難しい時期です。

でも、ここで英語の時間をゼロにしてしまっては、今までの努力が水の泡です。**なんとか工夫をして、一日1時間ほど英語タイムを作っていただきたい**ところです。そこで、「英語イヤイヤ期」の英語インプットの仕方について、どんな工夫ができるのかをお伝えしましょう。

①忙しい朝に英語BGMを

英語イヤイヤ期には、子どもが日本語で見たいアニメが増えてきます。日本語のアニメを禁止する代わりに、朝の時間に英語の幼児番組やアニメを録音したものを流して英語のインプットを図りましょう。これは、朝食中や着替え中などのBGM的に聞き流すので構いません。登園前の時間帯は、日本語であれアニメを見る時間はあまりないでしょうから、子どもが起きたときには英語が流れている、といった環境を作るのがいいでしょう。

あくまでBGMで構わないのですが、子どもの好きなアニメなどを流すと、子どもも少し注意深く聞いてくれるかもしれません。たとえばディズニーアニメには、子どもたちにも人気の有名な曲がたくさん詰まっています。幼稚園に入る前にディズニーアニメを英語で見せていたなら、ディズニーのアニメの音声を英語で聞くのはその延長にすぎませんから、抵抗が少なくて済むでしょう。

あれこれランダムに流すよりも、子どもが気に入ったものがあれば、それを繰り返し流すようにしましょう。子どもに英語を吸収させるには、子どもが「見たい！　聞きたい！」と興味を示したものを繰り返し流すことが最も効果的です。

②動画はお金がかかっても子どもが興味を示すものを

英語イヤイヤ期に突入する前は、YouTubeなどの無料動画の中から作品を選ばせても、子どもはすんなり動画を楽しんでくれたかと思います。でも、YouTubeの動画では、どうしてもストーリーが短かったりシンプルだったりするので、子どもが飽きてしまうのも仕方ありません。この時期には、子どもも多少複雑で長いストーリーを楽しめるようになってきますから、いつまでも10分アニメというのは発達段階的にも不適当かもしれません。また、お友達の影響などもあり、「本当に面白いものや好きなものを見たい」と主張するようにもなってきます。

ですから、この時期になったら多少お金がかかっても、子どもの好きな動画を見せるようにしてください。そのためには、子どもが10分アニメに完全に飽きてしまう前に、126ページで紹介したような日本アニメの英語版DVDを用意し、子どもに見せ始めるのが効果的です。やはりディズニーやジブリは子どもから根強い人気がありますし、ストーリーも長くて見ごたえがあるので、「繰り返し見せること」に最適です。本格的な英語イヤイヤ期に入る前にこの辺りのアニメを見せておくと、日本語のアニメを見ながらも、「ディズニーやジブリは英語で見る」といった習慣を実現しやすくなります。

③読み聞かせの英語絵本は動画と連動したものを

英語のインプットは動画が一番ですが、特に寝る前の時間には絵本の読み聞かせもしてあげたいものです。日本語での読み聞かせに加えて、ときには英語の本の読み聞かせも取り入れられるといいですね。英語の絵本に関しては、なるべく動画と連動したものを選ぶのがよいでしょう。YouTubeで視聴できる絵本の読み聞かせ動画を活用することもできます。また、第5章の「幼稚園の『おやこえいご』」で詳しく紹介する、スカラスティック社から出ているビデオシリーズを使うのも手です。

子どもが好きな絵本の動画が見つかったら、まずは何度も見せましょう。そのとき、親も一緒に見ながら、絵本を読む練習をします。そして、その後、図書館で借りるなり、買うなりして用意した同じ絵本を、読み聞かせるのです。たまに余裕のあるときだけでいいので、ママやパパが英語の絵本の読み聞かせをしてあげられると、子どもたちは大喜び。まさに「おやこえいご」の醍醐味ですね。

英語ＢＧＭ、英語の動画、英語の絵本――この３つを毎日こなすのは簡単ではないでしょう。一日１時間が難しければ、30分でも15分でも構いません。どうか、**英語のインプットがゼロにならないよう頑張ってみてください。**

Chapter 4

幼児英語教室に行こう

なぜ幼児英語教室に通ったほうがいいのか

◉英語教室に通うメリット

第3章では、おうちで可能な英語のインプット方法として動画を紹介しました。幼児期には、何よりインプットが圧倒的に大切です。しかし、**「英語は言語」であることを子どもに実感してもらうためには、直接のコミュニケーションに勝るものはありません。**

毎日、英語のコミュニケーションの場を作ることは難しいかもしれませんが、週に1回の英語教室ならどうでしょうか。インターナショナルスクールに通うことと比べれば効果は確かに薄いかもしれませんが、だからといって何もしないのは極端です。「英語は言語」だと子どもに実感してもらうために、週に1回でも英語でのコミュニケーションの場を作ってあげてほしいのです。

それに、**さまざまな人たちと関わりながら育つことは、子どもたちにとって大きな財産になる**でしょう。子どもたちには、家庭、親戚、学校などの「場」がありますが、そこに英語教室の先生や、一緒に学ぶお友達、そしてそのパパやママたち、といった多種多様な人たちとの関わり合いが加わることは良い刺激になります。

また、英語教室に通うことは、子どもだけではなく、パパママのためにも良い効果があるのです。英語に限らず、言語を習得するには労力と時間がかかります。それを継続していくのに欠かせないのが、**この長く大変なプロセスを共有できる人の存在**です。教室に通うことで、同じく子どもの英語教育に熱心なパパママたちと知り合い、定期的に会うことができます。お互いに情報交換をしたり、励まし合ったりできる仲間がいることは、パパママにとって大きな支えになることでしょう。子育てや教育において「孤立しないこと」は、親の精神衛生上とても良いことなのです。

それに何より、**毎週のレッスンを通して、子どものことをよく理解している先生が味方になってくれるのは、大変心強い**のではないでしょうか。いつでも何でも相談することができる人に、バイリンガル育児の長い道のりを伴走してもらうメリットは計り知れません。

最近では、「おうち英語」というのも、よく耳にするようになりました。ネットで調べてみると、「おうち英語」を実践しているママたちのブログをたくさん見つけることができるでしょう。ママたちがどのように毎日「おうち英語」に取り組んでいるか、子どもたちがどのように成長しているか、といったことが、日々詳しくブログに書かれています。なかには、子どもたちが見事な英語をあやつる動画もあります。

英語学習のアウトソーシングを一切せず、子どもの英語教育を自分で責任を持って行っている凄腕のママたち。このような「おうち英語」ママたちに続けとばかりに、自分で「おうち英語」を始めようと思われる方もいるでしょう。

ただ、**「おうち英語」は本当に大変。多大な労力が必要です。**たとえば、ネットサーチをして、バイリンガル育児サイトを運営しているママブロガーにアドバイスを求め、自分で教材を選び、自分で子どもに英語を教えて、英語で遊べるお友達を探して……というような道のりが待っています。

しかし、これらは、良い英語教室の先生を一人見つければ、すっかり解決してしまうことです。英語教室では、英語でのコミュニケーションが取れるだけでなく、英語のインプットに向いている教材、動画、絵本などを、レッスンを通してシェアしてもらうことができます。それに加えて、英語キャンプなどのイベントの機会も用意してもらえるとなれば、教室に通わない手はないのではないでしょうか。

◉「おうち英語」は慎重に

「おうち英語」はなるべく慎重に、とお願いしたいところです。「おうち英語」派のママの多くは英語が得意な人たちですが、なかには英語は苦手というママもいるようです。英語が得意なママならともかく、英語は苦手というママが、完全に「おうち英語」を目指すことは少々心配です。

英語があまり得意でないママによる「おうち英語」については、実際にこのような事例があります。「子どもをどうしてもバイリンガルにしたくて、生まれたときから英語のみで話しかけ、歌も絵本の読み聞かせも全て英語で行ったところ、子どもの言葉の発達が遅れた」というものです。英語の動画やCDなどで、自然に話される英語を十分に聞かせたうえで、ときどき英語での語りかけをするのであれば、ママの発音がクリアでなくても大きな問題はありません。親子間の語りかけは、コミュニケーションになるからです。

しかし、英語が得意でないにもかかわらず、英語での語りかけを中心とし、歌も絵本の読み聞かせも自分の英語で行うと、子どもにとってはママの発音がメインになってしまい、クリアでわかりやすい英語の音のインプットが不足する恐れがあります。また、日常生活で全く日本語を使用しなければ、日本語がおろそかになるのは当然です。

たとえママの英語力が高かったとしても、「おうち英語」のみで子どもの英語力を伸ばそうとするのは、あまりおすすめできません。**「親が子に何かを教えようとするのは、うまくいかない」**というのは、よく聞くことではないでしょうか。

子どもがちゃんとできていないと、ついカッとなって子どもを叱ってしまう、というのは親子間では普通だと思います。小学校時代から子どもを塾に行かせる人が多いのも、そういう理由からではないでしょうか。つまり、できないことを理由に子どもを叱ってしまうくらいなら、お金を払ってでも他人に任せたほうがいいというわけです。

それなのに、どうして英語に限っては、親が「自分でやってみよう」ということになるのでしょう。私自身は、英語が大好きで自信があるだけでなく、これまでの豊富な教授経験を通して、「英語の上達は、個人差が大きい」ということをよく理解しています。ですから、自分の子どもが間違えようが、飲み込みが悪かろうが、焦らず怒らず客観的に見守ることができます。しかし、英語以外のことを子どもに教えるなんて考えられません。そのことが得意で上手な人にお願いしたほうが、断然うまくいくからです。

繰り返しになりますが、バイリンガル育児というのは骨の折れる仕事です。英語ができるママにとってもそれは変わりません。ママには、ママの人生があると思います。子どもの英語教育にそこまで労力を使わず、**うまく他人の助けを借りて、「ムリなく、ムダなく」英語と付き合い、ママはママの好きなことに注力していただきたい**のです。

そうは言っても、さまざまな理由から、やはり自分は「おうち英語」で頑張りたい、という方もいらっしゃることでしょう。「おうち英語」を選択する場合は、覚悟を持って取り組んでください。まずは、自分の英語力を高め、それから英語指導に関する勉強をしてください。そして、子どもの英語教育に対して同じような考えを持ったママと集まり、「仲間作り」をしましょう。あなたのお子さんが、英語に取り組んでいる他のお子さんと、実際に英語でコミュニケーションを取ることができる機会を作るのです。

英語というのは、コミュニケーションを取るためのツールですから、一人で黙々と頑張るよりも、仲間と一緒に取り組んだほうがいいのです。孤立した子育てにならないようにすることが大切です。

いい英語教室はこうやって選ぼう！

私は、自分の子育て中、子どもをいろいろなおけいこやレッスンに通わせましたが、教室を選ぶときには、とにかく「質」にこだわりました。良い先生に習うのとそうでないのとでは、天と地ほどの差があるからです。ダメな先生に習うのであれば習わないほうがマシ、と言ってもいいくらいです。ですから、何事も「習う」と決めたなら、可能な限り選択肢を増やし、良い教室を選択するようにしてください。「家から近いから」「値段が安いから」といった、レッスンの質以外の要素で選ぶのはよくありません。

実際、質の高い英語教室で充実したレッスンを受けていると、子どもはちゃんと変化していきます。インプットとアウトプットがたくさんある充実したレッスンの後では、子どもの様子が変わるのです。私の教室では、特にサマースクールなどの長めのレッスンの後は、「うちの子、家でもすっかり英語モードになっています」という、ママからの嬉しいご報告があります。

ただ、英語のレッスンをしっかり行おうとするあまり、厳しいことばかりを押し付ける指導になっても困ります。以前、他の教室から私の教室に移ってきた男の子がいました。前の教室は、先生がとても厳しくて楽しい雰囲気がなかったため、彼はレッスンをだんだん嫌がるようになってしまったそうです。私のところに移ってきてからは、全く嫌がることもなく、楽しく通ってくれていますし、英語もどんどん出てくるようになっています。

幼児期のレッスンで「英語って楽しい！」という気持ちを味わった子は、小学生になってから「もっと英語がわかるようになりたい」と、英語への意欲が出てくることが多いのです。つまり、**幼児期に良い教室に出会えるかどうかは、子どものその後の英語力にも大きく影響します。英語教室の「質」はとても重要なのです。**

私の子育て時代は、ネットもまだ普及していなかったので情報収集が大変でした。でも今は、ネットのおかげで、より家から近く、より質の高い教室を見つけやすくなっているのではないでしょうか。そして、大手の英語教室から個人の英語教室まで、いろいろな英語教室があります。しっかり目的に沿って、我が子に合った英語教室を選びたいものですよね。

大手の英語教室には、圧倒的な安心感があると思います。共通のカリキュラム、教材、通いやすいロケーション。駐車場、教室などの設備も充実しているところが多いでしょう。

ご家庭の引っ越しがあっても、同じカリキュラムで続けられるというメリットもあります。デメリットとしては、大規模なだけに、柔軟な対応は期待できないことでしょうか。それから、先生によって力量に差があることも否定できません。

一方、個人の英語教室には、大手とは正反対の特徴があります。レッスンでは、とにかく先生の個性が出ます。先生が柔軟にカリキュラムを作ることができますので、力のある熱心な先生の教室には大いに期待できます。その反面、独りよがりな「オリジナルメソッド」で教えていたり、偏った指導をしたりしているところもあるので、見極めが必要です。

他には、その中間にあたるようなフランチャイズの教室があります。大手の良さと個人教室の良さをかけ合わせたような、ひと粒で二度おいしいといった教室もあれば、残念ながら両方の悪いところを集めたような教室もあるでしょう。

つまり、単純に「どの形式がいい」ということは言えません。それでも、レッスンや先生の「質」という観点からであれば、「いい英語教室の基準」はあります。

それは、**①先生の英語力が高いこと、②先生が子どもも好きで、子どもの発達段階に合わせ、ベストな指導法を追求していること、③楽しいレッスンで、しかも学びがあること**です。では、それぞれ詳しく見ていきましょう。

いい英語教室の基準1

先生の英語力が高いこと

幼稚園教育や小学校教育の一環としてではなく、課外学習でわざわざ英語を習いに行くのですから、当然英語のできる先生を選びたいものです。そこは妥協しないでください。

そうは言っても、英語が得意でない方にとっては、先生の英語力を見極めること自体が難しいかもしれません。英語の得意なお友達がいれば、その人に頼んで一緒に見学に行ってもらってもいいでしょう。いずれにせよ、最初にレッスンを見学なり体験なりさせてもらうことは必要です。子どもに英語を教える先生の場合、「英検やTOEICのハイスコア＝英語力が高い」とは必ずしも言えませんから、先生の肩書きのみで判断するのはやめましょう。

先生の英語力を見極めるときに大切なポイントは、「レッスンを英語で行っているかどうか」「スタッフ同士が英語でコミュニケーションをしているかどうか」です。何が何でも先生は日本語を発してはいけない、というわけではありませんが、「子どもたちが理解できないから、日本語での説明が入る」のでは、何のためのレッスンかわかりません。

また、日本人のスタッフ同士でも、レッスン中は英語でのコミュニケーションが基本だと思います。自分が英語でコミュニケーションをしていないのに、それを教えることができるとは思えません。そして、子どもたちとのコミュニケーションも英語で行うことが望ましいです。ある程度の年齢になれば、一部日本語を使うこともあるのでしょうが、それでも「メインは英語」というスタンスを崩さないことが好ましいでしょう。

「英語教室ではコミュニケーションがメイン」「おうちではインプット」と、うまく役割分担をするのが理想です。つまり、**英語教室でしかできない「コミュニケーション」の部分に、十分満足できるかどうかが重要**なのです。

いい英語教室の先生は、レッスンに来た子どもたちを自然と「英語モード」にするのが上手です。英語教室に入った瞬間から、先生が"Hi!"と英語であいさつしてきたり、日本人のスタッフ同士が英語で話していたりするなど、「英語が当たり前にある空間」作りができているかどうか確認するようにしましょう。

わざわざお金と時間を割いて、英語を習いに行くのです。学校の授業科目として、英語を学ぶのとは訳が違います。ですから、あれこれ理由を付けて、英語でのコミュニケーションをおざなりにする先生は避けるべきでしょう。

実は、日本人の先生のなかには、英語を間違えることを恐れて、オールイングリッシュの授業に躊躇《ちゅうちょ》してしまう方もいるようです。スピーチなどの特別な機会は別として、普段言葉を「話す」ときには、原稿が用意されているわけではありません。ですから「話す」ときには、英語に限らず日本語においても、言葉の間違いなんてよく起こるものです。そもそも幼児期の英語教育では、文法の正誤を教えるわけではありません。先生が間違いを恐れていたら、「英語を話すときは間違えちゃいけないんだ」と、子どもにも伝わってしまうかもしれません。ですから、**先生が「英語は言語」だということを理解し、積極的に英語を使って子どもたちとコミュニケーションを取っているか、確認するようにしましょう。**

とはいえ、英語力が低いのに、英語をいい加減に話している先生は問題外です。本当に残念なことですが、「英語が好きで、そこそこできるが、高校生や大人を指導するほどの英語力はない」という理由で、子どもに英語を教えている先生もいます。しかし、本当は逆であるべき。子どもに教える先生こそ、高い英語力を持っていてほしいものです。

英語教室によっては、日本語を用いる理由として「うちでは、英語力だけでなく、社会性を身に付けたり、人間力を身に付けたりすることも目指しています」と言うところもあります。しかし、これに対しては「英語教室がそこまでする必要があるのか」という疑問が拭えません。もちろん本当に英語を使って、社会性や人間力を育むことができるなら大いに結構。でもそれらは、英語のコミュニケーションを減らしてまで、英語教室で行うべきことではありません。

子どもには、幼稚園、学校、家庭など、いろいろな「学びの場」があるのです。英語教室で、全ての力を身に付ける必要はありません。英語を身に付けるだけでも大変なのですから、**英語教室はあくまで英語に徹しているところがよい**のではないでしょうか。

また要注意なのが、オールイングリッシュに見えて、実は先生がほとんど英語を話していない、というケースです。英語の歌やお話をCDで流す、というCD任せのレッスンがありがちなのです。「CDで正しい発音を聞かせたいから」という理由を掲げる先生もいますが、それなら教室に通う必要はないのではないでしょうか。CDは、おうちで英語のインプットをしたり、レッスンの復習をしたりするアイテムの一つにすぎません。**わざわざお金を払って英語教室に通うのは、「英語でのコミュニケーションを楽しめる」からです。**

ですから、**先生が肉声でレッスンしているかどうか**は、必ず意識して見るようにしてください。そして、そこは絶対に妥協しないでください。

ちなみに、ネイティブの先生にこだわる必要はないと思います。日本人でも、英語で十分コミュニケーションを取れる先生であれば問題ありません。反対に、ネイティブの先生に習う場合は、日本語がある程度わかる先生を選ぶようにしましょう。子どもの日本語の発言を理解して、それに対応できることが望ましいからです。また、ネイティブの先生には、「外国語を学ぶとはどういうことか」をわかっていてほしいですし、日本や日本語への興味も持っていてほしいもの。日本人の子どものことをわかっている、わかろうとする先生を見つけられるといいでしょう。

いい英語教室の基準2

先生が子ども好きで、子どもの発達段階に合わせ、ベストな指導法を追求していること

子どもたちとコミュニケーションを取ることが得意で、子どもに好かれる先生が望ましいです。中学生や高校生、大人の英語学習者に教えるのであれば、物静かな先生や厳しい先生など、いろいろなタイプがあっていいと思います。しかし、子どもを指導するのであれば、やはり元気がよくて、フレンドリーなタイプの先生がいいでしょう。特に、「先生が大好き！　先生と遊びたい！」という時期の子どもたちを相手にするのですから、子どもたちの心をつかむのが上手で、子どもたちと一緒になって楽しめる先生がいいのです。そうでないと、子どもたちがついていきません。学校の担任の先生のように、長い時間を共に過ごせるわけではないため、短期間で子どもの心をガッチリつかむ必要があるのです。

また、子どもの年齢によってベストな指導法は異なりますから、**子どもの発達段階に合わせた指導ができる先生であることも大切。**たとえば、幼児に文法を教え込むことは発達段階に合いません。文法というのは、英語のルールであり理屈ですから、小学校高学年く

らいから始めたほうが効率的です。

最近では、「フォニックス」に関心を寄せる親御さんも多いようです。フォニックスとは、英語圏の幼稚園や小学校で、子どもたちに**「英語をどうやって読むか」**を教えるために使われてきた訓練法です。「英語圏の子どもたちもやっているんだから、早めにフォニックスをやらせたほうがいい」「変な発音が身に付く前に、フォニックスをやったほうがいい」と、思われている方がいらっしゃいます。

しかし、これらの意見はどちらも不適切。大前提としてフォニックスは発音の訓練ではなく、英語の音とスペリングの関係を学ぶことで、英語を読めるようにするための訓練です。詳しくは「コラム4：最近よく聞く『フォニックス』っていいの？」を読んでいただきたいのですが、要はフォニックスも文法と同じく、英語を読むための「ルール」なのです。

インプットが大切な幼児期に、文法やフォニックスをメインにするなんてもってのほか。英語のルールを学ぶのは後からでいいのです。**幼児期の英語レッスンは、「英語に触れて楽しむこと」「英語の音をしっかりインプットすること」を重視した内容になっているかどうかを確認しましょう。**

また、レッスン中に英語を使っているけれど、いつも同じフレーズを練習させる教室もおすすめできません。たとえば、“What's your name?”“My name is...”とか、“What color do you like?”“I like red.”といった会話文の反復練習などです。英語があまり得意でない親御さんは「レッスン中にちゃんと英語を使っているから安心」と思ってしまう危険があるので要注意です。

大人が英会話を学ぶのであれば、最初にこういうフレーズをたくさん仕込んで、自分で使っていくというやり方もいいでしょう。しかし子どもの場合は、いくらフレーズを覚えさせようとしても、それを使う状況がなければ身に付かないものです。

名前や好きな色について、同じ人から何度も聞かれる状況なんて、現実では皆無に等しいでしょう。私の教室に通っている小学生は、この反復練習を学校の英語の時間で何度もやるそうで、「好きな色なんてもう聞かないでほしい！」と言っていました。

ちなみに、“How are you?”“I'm good.”などのあいさつは自然な会話ですから、こうしたやり取りは私の教室でも毎回しています。また、自然な状況で“What's your name?”“My name is…”が言えるということもあって、レッスンの見学者は大歓迎です。

つまり、**「言葉を、言葉として使う」ことが大切。**単に決まり文句を暗記して、それを使う状況がないのに口にするだけでは不十分です。「言葉を、言葉として使う機会を作る」ことを大事にしている教室を選んでください。

他にも、「このやり方、このテキストがベスト」と、レッスンの形を固定化してしまって、他の指導法に目を向けないのも好ましくありません。どんどん新しいものに飛びついていくのが正解ではありませんが、**指導法にオープンマインドな先生のほうがよい**と思います。「今、自分がやっているのは、現在におけるベストなものにすぎない。より良いものを探していくのだ」という気概が欲しいところです。

いい英語教室の基準3

楽しいレッスンで、しかも学びがあること

子どもが楽しく通える英語教室であることは、とても大切なことです。テキストをやっておしまいではなくて、歌をうたう、絵本を読む、お話を聞く……というように、バラエティーに富んだ活動があるのが望ましいです。ですから、子どもの興味を引くようなアイテムを総動員して、子どもがワクワクするようなレッスン内容になっているか、ぜひチェッ

クしてください。

ただ、楽しいレッスンであることは大切ですが、英語学習の場ではなく、単なるお遊びの場になってしまっては意味がありません。たとえば、「英語でダンス」「英語でクッキング」「英語でクラフト」「英語で体操」などの、英語を使った活動を重視している教室には注意が必要です。

英語教育法の一つに、CLIL(Content and Language Integrated Learning：クリル)と呼ばれるものがあります。これは、教科学習と言語学習を組み合わせる言語指導法のことで、近年ヨーロッパで広まっています。このCLILを用いた英語教育法が日本にも広がりつつあり、英語教育を向上させるものと期待されています。ですから、「英語で○○」といった活動はますます増えてくるでしょう。これ自体が悪いわけではありません。ただ、**重要なのは英語とその活動の内容の割合**です。

CLIL研究の第一人者である池田真先生によると、「CLILにおける内容と言語の割合は、一対一である」そうです。特に、英語教室は英語の習得を目的にしているのですから、活動の内容ばかりに重点が置かれて、英語がおざなりになっているのは問題です。

たとえば、レッスン中にクラフトを行う場合、静かに作業をする場面がどうしても必要になります。英語を習うために教室に通っているのですから、無言で作業をする時間があまりに長いような教室はＮＧです。ちなみに私の教室では、幼稚園入園前の「おやこえいご」レッスンにおいては、毎回レッスンのテーマに沿ったクラフトをしますが、作業にかける時間は5分以内です。それ以上かかるクラフトは、どんなに子どもが喜びそうなものでも却下。英語教室であって、クラフト教室ではありませんからね。そして、幼稚園以上のクラスでは、基本的にクラフトはやりません。

また、英語での会話が少なく、歌や「チャンツ」ばかりをやっている教室も考えものです。チャンツとは、英単語や文章をリズムに乗せて発声し、発音を身に付けるもので、英語圏では小さい子どもが英語を学ぶときに使われています。ただし歌やチャンツは、メロディーやリズムに合わせて発声するため、会話における自然なイントネーションが崩れていることがままあるのです。

たとえば、“You are my sunshine”という有名な曲。「ユーアーマイ サーンシャーイン」というふうに歌い出します。「ユー」も「アー」も「マイ」も、同じ長さで歌います。しかし、会話などにおける自然な発音では、“you are my”はつなげて、全て短く弱く発音します。

さらにその後は、「サーンシャーイン」のように"sunshine"の部分が必要以上に長く引っ張られています。このように、崩れた発音ばかりをインプットするのは好ましくありません。

ネイティブの子どもたちのように、普段から英語を使って生活しているのであれば、歌やチャンツをやったところで、影響は受けないでしょう。しかし、日本語が日常の世界で、あえて英語をインプットしようとしている日本の子どもたちには、聞かせる英語にも注意を払いたいものです。ですから、**英語の歌を聞かせるときには、なるべく話されるときのイントネーションが保たれている歌を選ぶことが大切。**チャンツの場合は、本来の英語のリズムが崩れているものが多いので、さらに注意が必要です。

「細かいことを気にしすぎでは?」と思われるかもしれませんが、私にはこの話になると思い出すことがあります。私の息子が5歳のとき、私たちはニュージーランドに3週間の親子留学をしました。息子はまだ、英語が話せるという段階ではなかったのですが、体験入学をした現地の小学校では、たくさんのお友達を作って楽しく過ごしていました。

すると驚くことに、息子が口にした数少ない英語は、全てイントネーションが完璧だったのです。「発音について何も教えていないのに、どうして完璧なイントネーションで話せたのだろう」と疑問に思った私は、このことについて、日本の有名な英語教育・発音教育の先生にたずねました。

そのときに言われたのが、**「それは、インプットの質が高かったのでしょう。ジャンク・インプット（ゴミのようなインプット）が、全くなかったのではないでしょうか」**ということ。このとき私は、子どもが経験する全てのことに関して「質にこだわろう」という決心をしました。英語に限らず全ての経験に関して、できるだけ「良いもの」を与えようと思いました。

このように、質の良いインプットは子どもの将来の英語力に直結します。また、子どものときに英語を楽しめるかどうかも、後の英語学習を左右します。ですから、英語教室を選ぶときには、「ただ英語に触れられればいい」ではなく、先生やレッスンの質にこだわるようにしましょう。

英語教室の効果を最大限に引き出すために

◉英語教室は途中でやめない!

さて、いい英語教室を見つけることができ、お子さんのレッスンがスタートできたとしましょう。しかし、「いい英語教室に入ったし、後は何も憂いなし」とはならないのが現実です。「いつまで経っても英語が上達している気がしない」と心配になることもあるでしょうし、お子さんが「英語教室はもうやめたい!」なんて言い出すかもしれません。

まず、わかっておいていただきたいことは、**英語は、始めてすぐに成果が出るようなものではない**ということです。そして、子どもの英語力に不安になったときこそ思い出してほしいのです。「おやこえいご」はあくまで助走。お子さんを英語教室に入れたのは、今すぐ英語ペラペラのちびっこバイリンガルにさせるためではありませんよね。大切なのはお子さんが18歳になったときです。「おやこえいご」においては、今すぐ成果が出るかどうかは、さほど重要なことではありません。それよりも、**英語を身に付けるうえでは、とにかく「続けること」が大切です。** ですから、すぐに結果が出ないからといって「我が子に英語の才能はないみたい」と判断し、途中でやめることはしないでください。スポーツや楽器と比べて、英語は才能がなくてもできるものです。そして、スポーツや楽器と違って、ゆくゆくは必ず学校で勉強することなのです。しかも英語は、専門性が高く、家庭で教えることが難しいものですから、絶対に英語教室はやめないでください。

とはいえ、子どもが英語教室に行くのを嫌がっているのに、無理やり行かせるのは親として心苦しいでしょう。それは、よくわかります。そんなときは、「それなら他の教室に替えてみるのはどう？　明日、違う教室を見に行ってみようか」と、とにかくやめない方向に持っていってください。私はこの方法で乗り切りました。

また、現在プライベートレッスンを受けているならグループレッスンに替えてみたり、その逆を試してみたりするのもいいかもしれません。私の教室の子どもたちは、みんなグループレッスンのほうが好きなようです。レッスンの振り替えで、プライベートレッスンになってしまうと泣き出す子もいるくらいです。

一方で、にぎやかなのが苦手なお子さんもいるでしょう。グループレッスンは、どうしてもにぎやかになりがちです。幼稚園で「大きな声で元気よく！」と習うのでしょうが、私の教室も幼稚園クラスになると大声で叫ぶ子たちが非常に多いのです。エネルギーのあり余っている子どもたちは、ついテンションが上がってふざけたり、動き回ったりするのでけっこう大変です。

ですから、英語が嫌というよりも、環境が嫌だという可能性もあるでしょう。子どもが英語教室を嫌がるときには、レッスンの形態についても考えてみてください。

英語に関しては、子どもが「後からやる気になる」ことは、なかなかありません。大学生くらいになって、やっとやる気になる人もいますが、そこから成果を出すのは至難の業です。もちろん、何事も「始めるのに遅すぎることはない」のかもしれません。でも現実的には、大人になってから始める英語学習は、成功率が低いことも事実です。忙しい生活の中で、英語に労力や時間をかけきれず、挫折してしまうことも多いものです。やる気さえあれば、誰でも良い結果が出せるほど、簡単なことではありません。

子どもが大きくなってから、「何で小さいときにやめさせたの!? 続けさせてくれればよかったのに!」なんて、反対に怒られてしまうこともあります。習い事を全てやめてはいけない、とは思いませんが、英語教室に関しては別です。多くの子どもが、大人になってから「ああ、英語がもっとできればなあ」と思うものです。ですから、**幼少期の「行きたくない！」という子どもの気まぐれに惑わされず、どうか英語教室だけは続けるように親御さんも頑張ってみてください。**

子どもが英語教室を嫌にならないためには、次のような工夫をしてみるのもよいでしょう。**①一日に2つ以上のおけいこのハシゴは避ける、②宿題、課題などを家で自然に取り組めるよう工夫する、③帰りの車で必ずアイスをあげるなど、オマケを用意する。**③の「オマケを用意」は、教育上良くないという意見も大いにあるでしょう。しかし、子どもはそのうち、そんなオマケにはごまかされなくなります。ご褒美で釣ることができる間は、釣っていいのです。それよりも、英語教室をやめずに続けることが大切です。

◉レッスンの英語環境は大切

私が主宰する「おやこえいごくらぶ」では、レッスン中はなるべく英語のみの環境を保ちたいと思っています。せっかくお金と時間を使ってレッスンに来ていただいているのですから、おうちではサポートが難しい「英語でのコミュニケーション」を徹底したいのです。

ただ、レッスン中にときどき、お子さんに対して日本語でのサポートをしてしまう保護者の方がいらっしゃいます。先日、おばあちゃんがお孫さんの付き添いでレッスンにいらっしゃいました。

"Touch it!"

――「ほらほら、先生がタッチって。触ってごらん、ということよ」

"What's the weather like today?"

――「お天気は？」

と、全てを日本語で説明してくれるのです。お孫さんがかわいくてたまらない、おばあちゃんの優しさなのでしょう。ですが、これでは英語を「言語」として使っていることにならないのです。

逐一訳していると、子どもは「英語というのは、日本語で説明してもらうものなんだ」と思ってしまいます。**英語での直接のコミュニケーションがないと、「言語」として英語を使えるようにはなりません。**そういった経験を積むために、ホームステイや英語キャンプなどに参加させることもできます。でも、一番大切なのは日頃のレッスン。英語教室を「英語を使う場」にしないともったいないのです。もちろん、年齢が上がるにつれて、レッスン中も日本語を効果的に使っていくことは大切なことです。しかし、**それは「訳してあげる」こととは違います。さりげなく日本語でヒントを与えるのです。**ただ、こうしたさじ加減には経験やスキルが必要ですから、そこはプロの先生方に任せるのがいいでしょう。

Chapter 5

月齢別・年齢別！
「おやこえいご」の進め方

英語の取り組みの進め方

「おやこえいご」のポイントは、子どもの発達段階に合ったやり方で、英語に触れていくということ。ここまで、幼児期は特にインプットが大切だとお話ししてきましたが、幼児期と言っても1歳未満と、2歳〜3歳ではインプットの質や内容が変わってきます。また、幼稚園や小学校に入ってからも、いつまでも2歳〜3歳のときと同じようなやり方をしていれば、英語力は伸びません。ここからは、月齢別・年齢別の英語教育の進め方について紹介したいと思います。

第2章でもお伝えしたように、「おやこえいご」のゴールは、18歳でバイリンガルになっていること。そして、18歳までの英語教育の道のりを、親御さんが知っているか知らないかは、非常に大きな違いを生みます。子どもの英語教育について、親御さんが焦ったり、誤った判断をしたりしないためにも、ここで18歳までの英語教育の道のりを知っていただきたいと思います。

それでは、18歳までの「おやこえいご」の道のりをここでもう一度確認しておきましょう。

年齢別　英語の取り組み方・お金のかけ方

時期	英語の取り組み方	英語へのお金のかけ方
0歳～1歳半 [ふれあい重視期]	一番大事なのはパパママとの直接のコミュニケーション。ふれあいを大切にしながら、ときどき英語を織り交ぜていきましょう。	お金の貯めどき。この時期にふさわしい英語の歌などを使って、親子でコミュニケーションを楽しみましょう。
1歳半～幼稚園 [おやこえいごの黄金期]	英語の音への柔軟性があるこの時期に、子どもの好きな動画を使って、英語の大量インプットを。週に1回英語教室に通うことで、相乗効果が高まります。	お金の貯めどき。英語の動画はYouTubeを使えば無料で見放題。大量のインプットが必要なこの時期、無料のものをうまく利用して、経済的に無理なく英語に取り組みましょう。
幼稚園～小学校低学年 [英語耳の維持期]	「英語耳の維持」をしながら、学びの楽しさを育んであげることで、その先の英語学習がスムーズになります。動画のインプットが少なくなりそうなら、週1回の英語教室を活用して英語モードに！	お金の貯めどき。英語以外のさまざまなことに興味を持ち始めるこの時期は、英語がお留守になりがち。なんとか英語動画の視聴習慣と英語教室の活用を続けて、英語力を失わないようにしましょう。
小学校高学年 [英語の頑張りどき]	これまでの「おやこえいご」の積み重ねが花開き始める頃。「なんとなく聞く」のインプットを卒業し、「精聴」をして意識的に英語の音を聞きましょう。このタイミングで一度しっかり発音を練習するのもおすすめ。学習能力もついてくるので、文法にも取り組みましょう。	お金の使いどき。お金も時間も英語に費やして、ぐっと英語の成果を出したい時期です。英語教室に通うなら週2回は行けるとよいでしょう。また、この時期に一度、ホームステイなどの海外経験をさせてあげるとベスト。
中学校～高校 [英語の定着期]	思春期は、親子でコミュニケーションを取ることができる状態を保つことを第一に。英語学習面では、「文法の確認」と「音読」をすることで、英語力の定着を図りましょう。この時期までに一度は海外経験をさせてあげましょう。	お金の使いどき。子ども自身が興味を示していなくても、海外経験は必ず子どもの財産になるので、ホームステイや留学などをさせてあげるのが理想。できれば高校で1年くらい留学できるとよいでしょう。

0歳~1歳半の時期は、パパママとの直接のコミュニケーションが大切です。ですから、**親御さんは子どもとのふれあいの時間を大事にしながら、生活の要所要所で英語を取り入れていく工夫をしましょう。**たとえば、わらべ歌の英語バージョンをいくつか覚えて、子どもに歌ってあげたり、英語の絵本を見せたり、英語の歌を聞かせたりします。

1歳半~幼稚園までの間は、「おやこえいご」の黄金期と言えます。子どもは、1歳を過ぎた頃から英語の音への柔軟性が減ってくるので、身の回りで話されている日本語のほうを、より吸収するようになっていきます。ですから、この時期には**英語のインプット量をだんだん増やしていきましょう。**そして、英語のインプットに最適なのが「動画」です。子どもは動画が大好きですから、そこをうまく利用して英語のインプットを増やすのがおすすめです。

また、対面の英語を使ったコミュニケーションも大切ですから、**家では動画を使って英語のインプットに励み、週に1回英語教室に通う、というのが一番の理想です。**幼稚園に入るまでに、英語耳を作ることを目指しましょう。

さて、幼稚園に入るまでに「おやこえいご」がうまくいっていれば、幼稚園の間は「英語耳の維持」で大丈夫です。**できるだけ毎日家で動画を見ることを続けながら、週に1回の英語教室に通い続けましょう。**幼稚園に入ったのをきっかけに、他の習い事をさせたいからと英語教室をやめてしまうと、非常にもったいないことになります。せっかく作った英語耳を維持するためにも、幼稚園に通っている間も、なんとか動画視聴の習慣と英語教室を続けるようにしましょう。

そして、小学校入学後も「英語耳の維持」が続きます。ただ小学校に入ると、子どもは幼稚園時代にも増して忙しくなります。勉強との長い戦いの火ぶたが切られる、激動の時代。**この時期は、学習全般に対する苦手意識を持たせないように注意が必要です。**英語に関しては、週1回の英語教室と、家庭での動画視聴を保てれば御の字です。それ以上に進める必要はありません。

ただ、小学校も高学年になれば話は変わってきます。4年生になったら、他のことを少々犠牲にしてでも、英語に力を注いでください。**この時期は英語の頑張りどきです。**小学校高学年で英語教室に通うのなら、週2回くらい行くことをおすすめします(本当は、5回くらい行ってほしいですけれどね)。そして、中学校入学までには、一通りの文法をカバーできていて、簡単な英語の本を自力で読めるようになっていると素晴らしいです。お金の使いどきも、4~6年生の時期です。6年生くらいで、最初の海外ホームステイなどを体験できるのが理想です。

中学校~高校は、思春期の嵐が吹き荒れるとき。子どもが親の意見に耳を傾けてくれなかったりする、少し難しい時期です。**この時期は、親子間でコミュニケーションが取れる状態を保つ**ことで、学習や進路のことなど重要な話ができる関係でいることを目指しましょう。

英語学習の面では、**「文法」と「音読」**を通して、今まで感覚的に理解していただけの英語の仕組みを知ることで、英語力の定着を図ります。そして、海外経験がまだであれば、このタイミングで数週間のホームステイをさせてあげられるといいですね。今まで触れてきた英語を使って、海外で実際にコミュニケーションを取ることができるという実感を得るのは、素晴らしい経験になること間違いありません。

さて、0歳〜18歳までの英語教育の道のりについて、大まかに説明しました。次は、各時期にふさわしい英語の取り組みについて、もう少し詳しくお話ししていきましょう。

0歳〜1歳半の「おやこえいご」

この時期は、日本語、英語にかかわらず、ベビーと一緒にたくさん遊んであげてください。「パパママに可愛がられている」「パパママに遊んでもらっている」という体験が、ベビーにとって大切なのです。言語の発達というのは、こうした親子のふれあいという体験を経てやってくるものです。ですから、この時期の英語は、親子の楽しいふれあい遊びのオマケにすぎません。ただ、そのオマケの英語を、どうやって遊びに取り入れたらいいのかわからない、という方が多いと思います。そこで、ここからは0歳〜1歳半のベビーに適した英語のふれあい遊びを、月齢別に紹介していきましょう。

◉4ヶ月までのベビーとのふれあい遊び

この時期、ベビーは一日のほとんどを寝て過ごします。そのため、この時期は、時間を区切って「おやこえいご」を行うことが難しいのです。この月齢のベビーと関わるときには、「おやこえいご」に限らず、何事もタイミングが大切になります。**ベビーが起きているときや、機嫌のいいタイミングを見計らって、親子のコミュニケーションタイムを作りましょう。**もちろん、英語ばかり意識するのではなく、日本語でたくさん話しかけてあげてください。

この時期は、実はベビーマッサージに適しています。ベビーマッサージというのは、大人へのマッサージとは違い、パパママやおばあちゃんなどベビーと親しい関係の人が、ベビーともっと仲良くなるために、ベビーの身体をさすってあげることです。ベビーマッサージ教室もありますが、わざわざ通わなくても、ベビーが喜ぶようにさすってあげるだけで構いません。おすすめは、足のマッサージ。足であれば、毎回服を脱ぎ着させる必要がないので簡単に行うことができます。

「おやこえいご」を取り入れるのは、このタイミングです。ベビーマッサージをするときには、日本語でもちょっとした声かけをする人がほとんどでしょう。たとえば足を上下に動かしながら「うえ、した、うえ、した」と言ったり、足をさすりながら「いい子だね～」と声をかけたりすると思います。これを英語にして“Up and down, up and down.”と言ってみたり、“Good boy!”と声をかけたりしてみましょう。このように、英語は簡単なものでいいのです。

ただし、英語での語りかけには一つ注意があります。この時期のベビーにとっては、英語よりも、まずは親子のコミュニケーションが大切です。ですから、**簡単なフレーズでいいので、しっかり心を込めて話しかけてあげましょう。**語りかけフレーズ集を片手に、上の空で話しかけるのは控えましょう。特に生まれたばかりの頃においては、ベビーと親御さんの心を通わせることが、言葉を使う目的になります。ですから、パパママの心から出てくる言葉を使って、ベビーのことを大切に思っていることが伝わるようにコミュニケーションを取ってください。どうしても英語が難しい、という場合は無理をしなくても大丈夫です。ベビーとの心からのふれあいを優先しましょう。

おすすめは、**英語の歌やライム（子どものための詩のこと）を取り入れること**です。日本語の歌に加えて、英語の歌やライムもぜひ聞かせてあげてください。英語で話しかけるのは難しいけど、歌なら……という方もいらっしゃるのではないでしょうか。おすすめの歌やライムは、巻末の付録にいくつか紹介していますので、ぜひ使ってみてください。

私がいつも使うのは、“This Little Pig Went to Market”（5匹のブタちゃんのライム）と“Tommy Thumb”（親指トミーさん）です。その他の歌やライムとしては、ケーキを焼く動作をする“Pat-a-cake”もおすすめですし、抱っこして揺らしてあげるときには“Humpty Dumpty”や“Rock-a-Bye Baby”などがあります。歌詞の中のfallという部分で抱っこしたままちょっとだけ下に降ろしてあげると喜びます。特に1歳近くなると、急激に下に降ろされるのを、すごくスリルに感じて喜ぶようになります。

ベビーマッサージのときだけでなく、おむつ替えのときなどに歌ってあげるのもいいでしょう。“Walking Walking”の歌に合わせて、おむつ替えのときに、両方の足首をつかんで、歩くような感じで動かしてあげるといいですね。

ほんの数分でも構いませんから、ベビーの機嫌がいいタイミングを見計らって、やってみてください。

◉5ヶ月～8ヶ月のベビーとのふれあい遊び

この時期は、身体の成長が一段落し、体重の増え方もだんだんとゆっくりになってきます。情緒はますます発達し、周囲のものへの興味や好奇心が旺盛になってきます。喃語《なんご》も始まり、楽しいとキャッキャッと笑って反応します。パパママのことをはっきりと認識し、パパママとのふれあいを心から楽しむようになります。

また、生活のリズムが安定し、昼と夜の区別がはっきりしてきます。そのため、なるべくメリハリのある規則正しい生活パターンを作ることで、「おやこえいご」も取り入れやすくなります。

「おやこえいご」では、引き続き英語の歌などがおすすめです。ただ、この時期には寝返りやおすわりができるようになるなど、運動能力が大きく発達しますから、歌に合わせてベビーの身体を動かしてあげるといいでしょう。パパママの膝にしっかりおすわりさせて、ベビーの身体を左右に揺らしたり、パパママが両膝を動かして、馬に乗っているみたいにベビーの身体を上下に揺らしたりしてみてください。これらの動きにおすすめの英語の歌も、巻末の付録に載せています。

“A Smooth Road”や“Trot Trot to Boston”は、最後にひざの間にドーンと落とすような動きをすると、ベビーは喜びます。“This is the Way the Ladies Ride”というお馬の歌もあります。ladies, gentlemen, farmers... と歌詞が変わるごとに段々激しく揺らしていきます。この時期になると、ますますちょっとしたスリルを楽しめるようになるんですね。

“Tick tock tick tock, I'm a little cuckoo clock”という歌では、おひざのベビーを時計の針に見立てて、チックタックと歌いながら、左右に身体を揺らします。最後は、ベビーを持ち上げて Coo coo! と鳩時計の鳩みたいな声を出します。

また、手の動きが発達してくると、いろいろな手遊びもできます。“Clap Your Hands”や“Open Shut them”の歌とともに、手を叩いたり、手をひらいて、とじて、の手遊びをしたりしてみましょう。

日本にも、「むすんでひらいて」がありますよね。子どもの発達段階に沿った手遊びは、どの言語にもあります。手の動きと言葉を一致させる、ということは、子どもの発達にとってとても大切なことなのです。

次に、この時期のベビーが楽しめる絵本についてもお話ししましょう。私の「おやこえいご」のレッスンでも取り入れているのが『Pat the Bunny』の絵本。古典的な絵本で、とてもおすすめです。ただ、この月齢のベビーは絵本の内容をじっくり楽しめるわけではないので、基本的には**手で触って楽しめる絵本**を選ぶのがいいでしょう。布や木切れが貼り付けてあって手触りを楽しめるものや、まるごと布でできた布絵本などがおすすめです。手触りを楽しむ絵本の他には、**音で楽しめる絵本、文ではなく単語のみが書かれた絵本、簡潔な短い文で書かれた絵本**などがいいでしょう。

◉9ヶ月～1歳半までのベビーとのふれあい遊び

生まれたときは何もできず、ただ寝ているばかりだったベビーですが、この時期になると「ハイハイ」「つかまり立ち」ができるようになり、ついに歩きだすようになります。パパママにとって、最も感動的な時期の一つです。

この時期のベビーは、**運動能力がますます発達してくるので、よりダイナミックな動きを楽しむようになります。**「たかい、たかい」をしてもらうのが大好きだったり、ちょっと振り回されるような動きを喜んだりもします。巻末の付録には、"Here We Go Up, Up, Up!"や"Walking Walking"、"Ring around the Rosy"など、しゃがんだり飛び跳ねたり、身体を大きく使いながら楽しめる英語の歌も載せましたので見てみてください。

そして、絵本も継続しましょう。まだまだ、手触りで楽しむ絵本や、音で楽しむ絵本を好むと思いますが、いろいろな本を試してみてベビーのお気に入りを見つけましょう。最近では、ベビー向けの絵本がたくさん出版されていますが、まだ読書を楽しめる段階ではないでしょうから、**なんとか読ませようという無理はせず、あくまで親子のコミュニケーション手段だと思って楽しんでください。**

何度もお伝えしていますが、ベビーは「繰り返し」が大好きです。手遊び、歌、絵本など、気に入ったものは何度も繰り返したがります。「もう1回！　もう1回！」と何度もせがまれて、うんざりしてしまうこともあるでしょうが、なるべくベビーの求めに応じて、付き合ってあげたいものです。**繰り返しを楽しむことによって、ベビーは発達していく**のです。「さまざまな種類のものをまんべんなく楽しむ」というよりは、「ベビーの気に入ったものを、何度も繰り返す」ほうが理にかなっています。ですから、手遊びでも絵本でもおもちゃでも、あまりにたくさんの量を与えることは不要。少しずつ小出しにしながら、お気に入りができるように導いてあげましょう。

9ヶ月頃からは、CDなどを聞かせることもよいと思います。私は、“Wee Sing for Baby”というCDをよく使っているのですが、巻末の付録で紹介しているような歌もたくさん入っています。日頃CDに入っている歌で遊んでいると、子どもはCDを聞いたときに「あ、この歌知ってる！」と反応するようになります。毎日1回はCDをかけるようにするといいですね。

1歳半〜幼稚園前の「おやこえいご」

◉この時期の十分なインプットが「おやこえいご」成功の鍵

いよいよ「おやこえいご」、勝負のときです。生活リズムが整い、物事への興味関心が強くなっているこの時期こそ、**英語をたくさんインプットして、英語耳を作ることを目指しましょう。**幼稚園に入ると、どうしても家にいる時間が限られてしまいますし、お友達や先生との遊びの中で、英語よりもっと面白いものを見つけてくるようになります。そうなってからでは、英語に思う存分時間を費やすのは難しいので、この時期にどれだけ英語をインプットできるかが重要になります。

英語は、初期のうちに時間をつぎ込み、十分なインプット量を確保しないと、決してできるようにはなりません。「中学、高校と6年間英語を勉強しても身に付かない」というのは、単純にインプットが少なすぎるからです。6年間という時間は長いかもしれませんが、そのうち実際に英語に触れている時間などわずかなものでしょう。英語は、スタートする時期にかかわらず、インプットの量を確保することが必須です。

大人になってからのインプットには、学習者の強い意志が必要なのに対して、幼い子どもがどれだけインプットできるかは、パパママのやり方次第。子ども本人の負担はとても少ないのです。**パパママは、押し付けすぎないよう気を付けつつ、お子さんが楽しみながら英語をインプットできるような環境作りを目指しましょう。**

0歳～1歳半までは、成長のスピードがとても早いので、細かく月齢で分けて英語に取り組むのが効率的でした。しかし、急激な成長は1歳半まででほぼ終わり、それ以降は安定して少しずつ発達していきます。ですから、1歳半～幼稚園に入るまでは、だいたい同じような取り組み方をしながら、その英語のレベルを少しずつ上げていくようにします。

◉インプットは動画を中心に

まず大切なのが、第3章でも紹介した「動画」でのインプットです。**動画は一日2時間くらいかけ流しをすることを目標に、ぜひ毎日続けてください。**動画でのインプットを行ったうえで時間が許すようであれば、ＣＤを流して一緒に英語の歌をうたったり身体を動かしたりして、引き続きお子さんと遊んであげましょう。

この時期になると、ストーリー性の強い絵本や、少し長い絵本を楽しめるようになってきます。子どもたちにとっては「パパママが読んでくれる」ことがスペシャルですから、英語の絵本もパパママができるだけ直接読んであげてください。簡単なものでもいいですし、ほんの数冊でも構いませんから、ぜひ英語の絵本を読む練習をしつつ、お子さんに読み聞かせをしてあげましょう。

私の教室のママたちは、レッスンで気に入った絵本があると自分で注文して、おうちで読んだりされているようです。Karen Katz のシリーズ絵本はとても人気です。教室では、『Excuse Me!』『Baby Loves Spring!』などを使っていますが、次々に新しいシリーズが出ていて、どれもシンプルでかわいいものばかりです。

英語の得意なパパママは、どんどん読んであげてください。少し不安だという方はあまり無理して自分で読み聞かせをする必要はありません。実は、**絵本の読み聞かせをしている動画**が YouTube にたくさんあります。ですから、自分で読み聞かせをする絵本の数は最低限に抑えて、それ以外は読み聞かせ動画を流して子どもと一緒に楽しむなど、いろいろ工夫してみてください。

また、動画や歌、絵本に加えて、**英語の即席カルタ**もおすすめです。紙にリンゴやバナナの絵を描いてカルタを作り、パパママが"apple!"と単語を読んで、お子さんがリンゴの絵が描かれた札を選ぶ、という遊びです。英語教室のようなクオリティの高いカードを用意する必要はありません。むしろ、子どもが今ハマっているもの（動物や乗り物など）で、オリジナルのカルタを作ってあげれば、子どもは大喜びでしょう。

もちろん**対面の英語を使ったコミュニケーションも大切**です。第4章でもお伝えしたとおり、英語教室はコミュニケーションの場として非常に有効ですから、週に1回でも通うのが理想です。また、1歳前から英語教室に通っていたり、「おやこえぃご」をスタートさせていたりすれば、パパママもそろそろ英語に慣れてくる頃かと思います。おうちでも子どもたちと英語でコミュニケーションを取ってみましょう。"Hi, good morning!" "How are you?" "Come here." "Let's go!" "Show me." などの、簡単な会話で十分です。また、英語教室で習った英語を、復習として使ってみるのもいいですね。"Where is~?" "How many~?" など、レッスン中に使われた英語をおうちでたくさん使うことで、レッスンで習ったことを定着させられるでしょう。

気を付けていただきたいのは、やはり**「無理をしないでほしい」**ということです。おうちで行う英語での会話は、あくまで親子のコミュニケーションの一部という程度で構いません。というのも、親子間の英会話で英語力を伸ばすのは、並大抵のことではないからです。やるなら徹底的にやらないと効果は薄いですし、おうちで徹底的にやるほどの価値がどれだけあるでしょうか。

子どもにしてあげたいことは、英語以外にもたくさんありますよね。英語であまり無理をすると、その他のことが手につかなくなってしまうかもしれません。幼稚園までは「英語耳を作る」こと――具体的には、**英語の音に慣れ、英語を聞くことに抵抗がない状態を作る**ことに集中していれば大丈夫。無理なく英語に取り組みながら、子どもと一緒にその他のことも目一杯楽しみ、パパママ自身が自分の人生にとって大切なことに取り組める余裕も残しておく――これくらいのバランスがよいのではないでしょうか。

幼稚園の「おやこえいご」

◉幼稚園で英語イヤイヤ期に突入!?

3歳を過ぎると、いよいよ幼稚園時代が始まります。保育園に通っていなかった子どもたちにとっては、集団保育デビューです。日常生活もほぼ自立し、運動能力も目覚ましく発達し、お友達とも遊ぶようになります。言葉もどんどん発達する時期です。これまでの小さな世界を飛び出して、外の世界に羽ばたいていく第一歩ですね。

そして、**「おやこえいご」においても、少しずつ成果が見えてくるとき**です。これ以前にも、単語がわかったり、英語の歌をうたえるようになったり、といった成果があったかもしれませんが、それとは桁違《けたちが》いの成果が出てきます。「英語を聞いて、ある程度理解できる」ようになってくるのです。身の周りで話される英語がわかるようになり、絵本やストーリーテリングの内容がしっかり理解できるようになります。そして、カタコトながらでも、なんとなく英語で返答することもできるようになってきます。幼稚園までの「おやこえいご」に順調に取り組めていれば、このような成果が見えてくることでしょう。
もしこうした成果が見えていなかったら、その理由は一つ。「インプットが足りていなかった」ということです。私の教室でも「なかなか成果が見えてこないな」と思う子の親御さんに、「おうちで動画を見せたり、かけ流ししたりしていますか？」とたずねてみると、必ず「実は最近、忙しくてあまりできていません」という言葉が返ってきます。インプットは侮れないのです。

とはいえ、成果が見えてこなくても気落ちすることはありません。お子さんが**「嫌がらずに英語の動画を見られる」状態**にさえなっていれば、現状では問題ありません。そのまま英語のインプットを継続し、できればインプット量を増やす方向に持っていきましょう。

さて、この時期の絵本は、なるべく日本語で読む本に近いレベルのお話を選んであげてください。幼稚園生にもなると、長くて複雑なお話も理解できるようになりますから、英語だからといって、いつまでも赤ちゃん用の絵本ばかり読む必要はないのです。多少英語が難しくても、挿絵を手掛かりに想像力で補って楽しめるのが、子どものすごいところ。

子どもの発達段階に沿って絵本を選んであげましょう。

英語力にあまり自信がなく、ストーリーが複雑な絵本を読み聞かせするのは難しい、という場合におすすめなのが、スカラスティック社(Scholastic)から出ている、Scholastic Video Collectionのシリーズです。有名絵本を動画化していますので、原作の魅力をそのまま生かしつつ、素晴らしい映像や音楽を楽しむことができます。英語字幕を表示させることも可能なので、聞き取りが難しい部分を文字で確認しながら見ることもできるのです。子どもたちの大好きな動画ですので、英語のインプットとして非常に効果的です。

私も子育て時代には、このような動画化された絵本のシリーズを何度も子どもたちに見せたものです。特に、モーリス・センダック(Maurice Sendak)の『かいじゅうたちのいるところ(Where the Wild Things Are)』のＤＶＤは、子どもたちの大のお気に入りで、何度繰り返し見たことでしょう。

そして、原作の絵本も購入し、ＤＶＤと絵本の両方を楽しむことで、お気に入りの作品を味わい尽くしました。**種類をたくさん用意するよりも、子どものお気に入りを見つけてそれを繰り返し楽しむ**――これは、幼児の特性に沿ったやり方で、かつ言語の習得にも有効なのです。

『かいじゅうたちのいるところ』は、主人公マックスがお母さんに怒られ閉じ込められた部屋が、みるみるうちに森や海に変化し、マックスは船に乗ってかいじゅうたちの国にたどり着く……という物語です。この年代の子どもたちは、想像力をかきたてられるようなお話を好みます。ですから、**絵本も歌も、少しばかり非現実的だったり、ばかばかしいほど愉快だったりするものなども選んであげましょう。**

ちなみに、私の教室で大人気の歌をあげてみましょう。まず、カナダのシャーロット・ダイアモンド(Charlotte Diamond)のアルバムから、"I Am a Pizza"(僕、ピザです)。いろいろな材料が乗せられて、オーブンで焼かれて、配達の注文が来て車に乗せられたピザ君はウキウキなのですが、最後には配達途中に道路に落ちてしまう……という歌です。なんとも残念な結末ですが、とても愉快な歌で子どもたちに人気です。

そして、この歌をうたう時期に合わせて読む絵本があります。それが、ウィリアム・スタイグ(William Steig)の、"Pete's a Pizza"(ピート君、ピザになる)。ピート君が、雨で外に行けなくて退屈していると、パパとママがふざけて「じゃあピザになったら!?」と言って、ピート君をピザの生地に見立てて、こねたり伸ばしたりチーズをかけたり……というあり得ない展開。しかし、このセンスが面白くて最高なのです。教室では、絵本を読んだ後に、大きな人形をピザに見立てて遊んだりしています。

また、同じくシャーロット・ダイアモンドの"Octopus"(別名で"Slippery Fish"と呼ばれることも多い)という歌も大人気です。これは、イワシがタコに食べられて、そのタコがマグロに食べられて……という歌なのですが、"Oh, no! It's been eaten by a..."と、子どもたちは苦もなく歌っています。

このように、英語を覚えなくてはいけないわけでもなく、テストされるわけでもなく、**純粋に英語を楽しめる時期**というのはそんなに長くありません。日本語とはまた発想の違う英語の歌やお話を使って、この貴重な時間をお子さんと一緒に楽しんでみましょう。

ただし、この時期の「おやこえいご」は、「親子の対立」を生む可能性もあります。2歳頃からの反抗期に始まり、子どもに自我が生まれてくると、パパママの言うことをすんなりと聞いてくれなくなります。「英語は嫌だ！　日本語がいい！」と言う子が出てきます。英語の動画を見せようと思っても、泣いて嫌がる子どもたちの姿を見たら、パパママもひるんでしまいます。「こんなに嫌がっているのに、無理やり英語をやるべきなの？」「もっと大きくなって、自分でやりたいと思ってからでいいんじゃないかな?」と考えてしまいますよね。

「ムリなく、ムダなく」取り組む「おやこえいご」なのに、嫌がっている子どもに無理やり英語をやらせるのは違うのではないか、と思われるかもしれません。しかし、**私の提唱する「ムリなく、ムダなく」というのは、あくまで「おやこえいご」を進めていく中でのモットーであり、途中で断念してしまわないように「ムリなく、ムダなく」やりましょう、ということです。**

そして、あまりに早い段階で英語をすっかりやめてしまっては、せっかく積み上げたものまでなくしてしまうことになります。帰国子女が、帰国後半年足らずで英語を全て忘れてしまった、という残念な話も聞きます。このように、一時は日本語より英語が得意になった子どもさえ、英語を完全にやめてしまえば元に戻ってしまうのです。

ですから、ストイックに頑張りすぎて途中で挫折してしまわないよう、英語は「ムリなく、ムダなく」取り組む「おやこえいご」で、ゆるく長く続けていきましょう、ということなのです。

このように、幼稚園時代というのは、英語学習の道のりにおける最初の難所です。3歳までのように、時間がたくさんあって、子どもが素直に英語の動画や歌を受け入れてくれる、というアドバンテージのある時期を過ぎているからです。

つまり、**これまで英語に触れていなかった子が英語を始めるには、非常に難しい時期**ということになります。しかし実際には、「幼稚園に入ったことだし、そろそろ英語レッスンを始めようかな」というご家庭は多いと思います。英語教室でも、幼稚園から募集を開始するところは少なくありません。でも、この年齢から英語レッスンを始めて結果を出すには、かなり力量のある先生に教えてもらわないと難しいでしょう。「小さいときから英語なんてやってもムダだ」と言われるのは、こうした理由があるからなのです。

そうは言っても、3歳の間なら柔軟性がまだまだ残っているように思います。まずは、英語の歌を聞かせてあげることから始めてみるといいでしょう。

少し遅れて英語をスタートさせるとき、ありがたいのが**「教室のお友達の力」**です。「おやこえいごくらぶ」には、0歳～1歳で教室を始められるお子さんが多くいます。幼稚園クラスから始めた子たちとは、英語キャリアにすでに2～3年の差があるのです。

早く始めたお子さんは、英語をたくさんインプットしてきているので、英語だけのレッスンに抵抗がありません。ここに新入会のお友達が交じると、面白いことが起こります。特に、元気いっぱいでやんちゃな子どもだと、突然の英語の状況に「え〜何言ってんの〜？　英語なんてわかんな〜い。ワッカリマセ〜ン」なんて、ふざけたりすることもあります。しかし、そのとき周りの子どもたちが平然と英語で受け答えしているのを見ると、さすがにそんな調子ではいられないのです。

ですから、**お子さんがすでに日本語に慣れきっていたとしても、周りの子どもたちのいい影響で、英語の環境を受け入れやすくなったりします。**また、ずっと通っている子どもたちは、新しいお友達がいると必ず助けようとしてくれますから、安心してください。

ただし、「お友達の力」より「プライベートレッスン」のほうがふさわしい場合もあります。シャイな性格で、グループだと遠慮してしまうタイプのお子さんであれば、プライベートレッスンのほうがいいでしょう。それから、小学生になってから同じ効果を期待するのは難しいかもしれません。小学生だと、年齢的にも「自分だけわからない」ということが苦痛になってしまうのです。

やはり、物事にはふさわしい時期があります。**「わからないこと」が気にならない、パパ**

ママと遊べることが何より楽しい——そういう時期に、英語でたっぷり遊んでおきましょう。

この本では、これまで多くの子どもたちの英語習得に関わってきた私の経験から、だいたいの傾向についてお話ししていますが、語学の習得には大きな個人差があります。また、環境、本人の興味、性格、適性によっても大きく変わってきます。そのため、「あの子ができているから、うちの子もできるはず」ということにはなりません。目の前の我が子をよく観察しながら、より良い方向へ進めていきましょう。無理や焦りは禁物です。

小学校低学年の「おやこえいご」

◉「英語耳の維持」を目標に！

この時期も、「英語耳の維持」を大切にしましょう。小学校に入ると、幼稚園時代にも増して子どもは忙しくなります。学校でさまざまな教科を勉強するようになり、またお友達との遊びもいっそう楽しくなってきます。それに加えて、習い事に夢中になったりもするでしょう。私の子どもたちも、娘はピアノ、息子は合唱と、2人ともそれぞれに音楽をやっていました。

小学校時代は、そちらの練習やレッスンにかなりの時間を費やしました。ピアノの練習は、毎日2時間くらいしていましたし、合唱は週に2〜3回練習がありました。これらは趣味として、その先もずっと続きましたし、子どもたちにとっても、とてもよい思い出になっているようです。特技と言えるものを一つでも持たせてやりたいと思っていたので、好きな音楽に打ち込む経験ができたことはよかったと思っています。

このように、この時期に英語が多少お留守になるのは、やむを得ません。「今は英語よりも、人間的に成長するとき」と腹をくくり、英語に割く時間が思うように取れなくても、焦ることはありません。ただ、このようにお伝えすると、安心しすぎてしまう親御さんが出てくるのが悩ましいところです。「今は、英語以外のことが大切なのね」とばかりに、英語が限りなくゼロに近づいてしまうのです。英語のインプットをゼロにしてしまうと、せっかく今まで積み上げてきた英語への理解力や感度といったものが、あっさりなくなってしまいます。

さらに、残念ながら、この時期になると英語のレッスンもやめてしまうお子さんが出てきます。英語に関して、中だるみしてしまいがちな時期なのです。しかし、**英語は小学校高学年からが本当の勝負です。その勝負時を目前に、これまで蓄えてきた貴重な英語力を失うのは非常にもったいない。**ちなみに、2020年からは、小学校5年生から、英語も通知表で評価がつけられるようになります。いい成績が取れないと、子どものモチベーションが下がるのは当然のことでしょう。「英語は嫌！」という気持ちが加速してしまうと、その軌道修正も大変です。

ですから、**低学年の間は少なくとも今までの英語力をキープし、高学年からのスパートにうまくつなげてあげられるようにしてください。**インプットは多いに越したことはありませんから、小学校に入っても、日本語よりは英語で動画を見せるよう、できるだけ工夫は継続してください。そして、英語に限らず、学習全般に対する苦手意識を持たせないようにしてあげましょう。

一方で、英語に積極的なお子さんもいます。10歳前後から、英語の絵本の英文を書き写して先生に見せたりする子もいるようです。そうした子どもの様子を見た親御さんであれば、「動画やCDの視聴ばかりでなく、そろそろ読み書きを始めたほうがいいんじゃないか」と思うかもしれません。

ただ、結論から言うと、**読み書きを急ぐことはありません。**この時期には、「英語を聞くこと」にまだまだ重点を置いてほしいと思います。子どもが、自主的に英語の読み書きを楽しむことは結構ですし、質問をされたらぜひ答えてあげてほしいのですが、「うちの子は読み書きに興味を持っているのね！」といって方向転換をし、英語を「聞く」ことをおざなりにするのは避けましょう。なぜなら、この時期には、それまでとは違う種類の聞き方が必要だからです。

私が「おやこえいご」で提唱する、動画を使ったインプットというのは「無意識のインプット」を指します。つまり、幼少期の子どもに、**英語に「慣れさせるため」のもの**です。しかし、小学校高学年が近づいてくると、聞いているだけで英語を吸収できる黄金期はとっくに過ぎています。ですから、この時期からは、**英語を「意識的に聞く」、いわば「精聴」が必要**です。学習適齢期であり、かつ本人に意欲があるならば、こうした「攻めのインプット」をやってみてください。

では、どうして読み書きではなく、そこまで「聞く」ことにこだわるのか。小学校5年生以降は英語が成績の対象になり、授業では文法を習ったり、長文を読んだり、英作文をしたりと、読み書きの時間が圧倒的に増えます。しかしその後、学校の授業で「英語の音」に注力する機会はありません。ですから、読み書きをスタートする前に、英語耳を十分に育ててあげたいのです。**小学校高学年になるまでは、どうか「英語の音」を中心にした英語学習をしてほしい**と思っています。これだけは、削らないようにしてください。

ただし、「読み書きは一切するな」と言っているわけではないので、誤解しないでください。「読み書きに重点を置きすぎて、聞くことをおろそかにしてほしくない」ということです。「聞く」から「読む」へスムーズに移行する際には、英単語を読む練習を兼ねてフォニックスを学ぶのもよいでしょう。また、私の教室では、耳で聞いた英語を真似して発音する「まねっこ」をして遊んだり、その次の段階では英単語を手がかりに「読みっこ」をしたりして、暗唱に結び付けています。ちなみに、英語の音をしっかりインプットしてきた小学校3年生くらいの子どもたちは、聞いた英語をその通りに発音できます。そして、英語の「読みっこ」も皆楽しんでいて、どんどん新しい本を読みたがるので、教材探しに悲鳴をあげているくらいです。

このように、英語に積極的なお子さんであれば、小学校低学年から高学年は「おやこえいご」の移行期になるかもしれませんね。ただ、インプットが多いに越したことはありませんから、「聞く」ことをやめてしまうといった極端なことはせず、こうしたステップを踏んでいきましょう。そして、「読む」という段階にスムーズに移行できると素晴らしいと思います。

小学校高学年の「おやこえいご」

◉英語の頑張りどき！

小学校低学年までは「英語耳の維持」でもＯＫでしたが、高学年からは「英語の頑張りどき」。この時期は、英語に本腰を入れましょう。**「最も効率的に外国語を習得させる方法は、小学校高学年のときに集中的に学ばせることだ」**と、私の大学院時代の恩師で、第二言語習得の権威である、イスラエル人のオルシュタイン先生（Prof. Elite Olshtain）がおっしゃっていました。もちろん、これが唯一の方法ではありませんが、先生がおっしゃるには、「時間やコストパフォーマンス、その他の条件を考えて、より多くの子どもたちを成功に導くことのできる方法だ」ということです。

早期英語教育ができるかどうかは、どうしても家庭によります。家庭でのサポートが望めない場合には不可能です。しかし、小学校高学年にもなれば、親のサポートがなかったとしても、本人のやる気があれば学習は可能です。ベビーほどの高いリスニング能力はないけれど、まだまだ柔軟性があります。それに何より、学習能力がぐんと伸びてくる年代なのです。オルシュタイン先生の話を聞いてから、私も、「英語を言語として『習得』に近い形で比較的スムーズに身に付けさせるには、小学校高学年が最良のチャンス」だと強く思うに至りました。この時期を逃してしまったら、その後は、大人の学習者として、英語を学習することになり、本人のやる気、努力による部分がますます大きくなるでしょう。

「おやこえいごくらぶ」では、**ベビー期から英語の音に対する意識やリスニング力を高めていき、小学校高学年でその力を開花させる**という2段階メソッドを提唱しています。ただ、第1段階に恵まれず、小学校高学年の第2段階からのスタートになったとしても、本人のやる気や資質、周りのサポートによっては、ベビー期から始めた子と遜色ないくらい上達する子もいます。ですから、ベビー期から英語に触れていた子にとっても、そうでなかった子にとっても、小学校高学年の時期は非常に重要になるのです。

◉英語の発音を身に付けよう

さて、小学校高学年という英語の頑張りどきに、特に重点的に学んでほしいのが「発音」です。ときどき、「発音なんて重要じゃない！　英語は通じればいい」と言う方もいるのですが、**「通じる発音」を身に付けることは、実はそんなに簡単なことではありません。**

私が大人向けに発音指導をする場合も、目指しているのはネイティブ発音ではなく、あくまで「通じる発音」です。もちろん、ゆっくり話したり、はっきり話したりすれば通じやすくはなりますから、初心者の方はそれでもよいでしょう。しかし、仕事で英語を使うような場合には、どうしてもある程度のスピードが求められます。このとき、発音がめちゃくちゃでは相手には通じません。

現在では、小学校3年生から英語教育が始まります。では、小学校での英語教育で「発音」はどのように扱われているのでしょうか。2017年改訂、2020年から全面実施の学習指導要領を見てみましょう。

「聞く、読む、話す、書く」の4技能に分けて目標が設定されています。「発音」が一番関係あると思われる「話す」の目標については、「身近な話題について、基本的な表現を使ってやり取りできる」というようなことが書いてあります。残念ながら、「発音」という言葉はどこにも見られません。まだまだ、音声教育に関しては改善がされていないようです。

小学校3年生と言えば、もうすっかり日本語も定着している年代。そういう年代から、発音指導もなく英語のアウトプットを急げば、「発音が苦手」「発音がコンプレックス」という日本人が多くなるのも当然でしょう。**子どもたちの英語学習から無用の苦労を取り除くためには、発達時期に合わせた発音の教育が必須**です。

では、小学校高学年で発音に注力する理由は一体何でしょうか。それは、**まだ「変なクセがついていない」**ことです。大人相手に発音指導をしていて一番大変なのが、知らず知らずのうちについてしまったクセを自覚して、直してもらうこと。これには、大変な手間がかかります。

こうしたクセがついてしまう原因は、「英語の音をちゃんと聞いていない」ことでしょう。「いやいや、ちゃんと聞いてます！」という声が聞こえてきそうですが、1回や2回聞いただけでは全然足りません。3回や4回でも足りません。何十回、何百回と聞く必要があるのです。でも、大人になってから英語をこれだけ聞くのは難しいものです。だからこそ、小さいうちから動画などで、何度も繰り返し英語を聞くことに意味があるのです。

これまで英語のインプットをしてこなかったお子さんでも心配はいりません。先ほども言いましたが、英語の習得では**「小学校高学年が最良のチャンス」**なのです。この時期から英語を始めるお子さんは、まだ発音の変なクセがついていません。これは、発音を身に付けるうえでは大いに有利なのです。この時期にわかりやすい発音を身に付けることができれば、それは一生の宝物になることでしょう。

クリアでわかりやすい発音を身に付けるためには、やはり良い先生につく必要があります。特に、この時期まで英語をやってこなかった場合、この年齢になってからの英語指導は素人の手には余ると思います。**本腰を入れて英語をやりたいこの時期は、できれば英語教室は週2回（本当は、週5回が理想ですが）は通いたいところ**です。日本では、「英語のレッスンは週1回」があまりに定着してしまっていますが、お隣の韓国では、実は「英語のレッスンは週5回」が標準的なのです。

◉文法は間違えながら身に付けよう

小学校高学年になれば、英文法を始めてもいいでしょう。発達心理学の知見からも、10歳を超える頃から抽象的な思考が進んできて、言葉の「意味」だけでなく「形式」を考えるようになる、と言われています。ですから「文法」を理解することが可能になってきます。

その年齢までの子どもは、経験や感覚によって言葉を使っているだけで、文法を理解しているわけではないのです。逆に言えば、10歳未満の子どもに文法を理解させようとするのは、発達段階にそぐわない無茶なことなのです。抽象的思考が進みつつも、まだまだ感覚的、直感的に言葉を理解する柔軟性も残っているのがこの年頃です。ですから、**文法の勉強は「感覚」と「抽象的思考」を行きつ戻りつ指導できる小学校高学年からのスタートが好ましい**のです。

「おやこえいごくらぶ」のレッスンでも、小学校高学年のクラスでは文法をどんどん取り入れています。誤解のないように言っておくと、決してひたすら文法の練習問題をするようなレッスンではありません。ただ、**文法理解にも重点を置いている**ということです。

もちろん、「文法を気にして英語が話せない」というのは困ります。でも、英語上級者になろうと思ったら文法は必須です。最初はたくさん間違えていいのです。私が指導する際も、「文法は間違える」ことを前提にしていますから、小学生のうちは間違えても訂正しません。ただ、正しい方向に進めるように、いつもモニターしています。

中学校での英語学習は、習ったその日から間違いが許されなくなります。本当は、中学生だってどんどん間違えていいのですが、最初からテストのために勉強をするような環境では、「間違えてもいいんだよ」と声を大にして言うのはなかなか難しい。ですから、**間違えても何の支障もない時期に、英語をたくさん使って、たくさん間違えておきましょう。**

中学校・高校の「おやこえいご」

◉「思春期の難しさ」を理解しよう

中学校時代の「おやこえいご」についてお話しする前に、まずお伝えしなければならないことがあります。それは、「中学生という時期は、思春期の嵐の吹き荒れるとき」だという事実。**この時期の子どもに、何かを「無理やりさせる」ということは不可能です。**これは、英語学習もしかり。

私は、東京都内の有名私立男子中学校で、英語を教えていた経験があります。東京大学をはじめとする一流大学にたくさんの合格者を出す学校です。各クラスの人数は40人程度。主に、中学3年生の授業を担当していました。

さて、ここで、1つ質問をさせてください。有名私立男子中学校の3年生。約40人のクラスの中で、私が「学年相応に、そこそこ英語ができるな」と思えた生徒は、何人ほどいたでしょうか。なんと答えは、「各クラスにせいぜい5人いるかどうか」というところでした。他の子は、文法の基礎的なこともわかっておらず、単語も覚えておらず……という状態でした。

最初は、本当に信じられませんでした。「こんなに優秀な学校に通っているのにどうして？」「親御さんたちは、一体何をしているの？」と思っていました。この疑問は、私の子どもたちが中学生になった途端に簡単に解けました。中学生という時期は、思春期の嵐の吹き荒れるとき。親の言うことなんて全く聞かないのです。この時期の子どもに、何かを「無理やりさせる」ということは不可能なのです。

この時期の子どもたちとは、とにかく「コミュニケーションが可能な状態」にしておくことがとても大切です。頭ごなしに押し付けようとしたり、怒って言うことを聞かせようとしたりすると、子どもは全く口を利かなくなり、親子のコミュニケーションが不可能になってしまいます。

今、かわいいベビーと向かい合っているパパママには、とても信じられないかもしれません。しかし、かわいいベビーもいずれ中学生になります。ご自分の中学生時代を思い出したら、少しは感じがつかめるかもしれません。

小学校高学年までの、親の言うことをなんとか聞いてくれる間に、いろいろな経験をさせ、学習習慣を身に付けさせ、基礎的な学力を付けさせておくことが、とても大切。その基盤があれば、思春期の間はある程度自由にさせても、後からの追い上げが効くものです。

さて、話を元に戻しましょう。私の指導していた中学生は、教育熱心なご家庭に育ち、中学受験を経てきている子どもたちでした。中学時代に少々さぼっていても、高校からの猛勉強で取り返すことが可能だったので、大学受験に対応できていたのです。

つまり、受験英語もそのやり方でクリアしていたのです。しかし、こうしたやり方では英語を「言語として」使えるようにはなりません。**「使える英語」を身に付けるには、受験英語に比べて、圧倒的な時間と練習が必要です。**中学校に入学するまで英語に触れておらず、入学したら思春期を迎えて、英語の勉強をろくにしない――これでは、日本人が「使える英語」をなかなか身に付けることができないのも当然です。

重ねて言います。なるべく勉強をしたくない、英語に全く興味がない中学生に対して、大量の英語学習を強いることは、本当に難しいことです。「小さい頃からの英語なんて不要。英語は中学生になってからで十分」という考えの人は、この現実から目を背けているのではないでしょうか。

もちろん、中学生になって英語に興味を持ち、英語の勉強に打ち込む子もいるでしょう。

また、私が教えていた中学校は私立の中高一貫校で、多くの生徒は附属の高校に上がることができましたから、余計にモチベーションが上がらない子が多かったのかもしれません。それでは、公立中学校の生徒はどうでしょうか。「英語は大切だから」「高校受験に必要だから」と言えば、納得してどんどん勉強するはずだ、と思われるでしょうか。決して、そんな子どもばかりではありません。やりたくないものは、テコでもやらない――それが、思春期。「やろうと思ったのに、やれと言われたからやる気がなくなった」なんていうのも、よく聞きますよね。そういう年代なのです。

しかし、受験を控えているのに全然勉強をしない子どもを見て、イライラした気持ちを全く持たずにいることは、親としてとても難しいことです。その点、小学校高学年まで「おやこえいご」を積み重ねてきていると、その後、英語に身が入らない時期があっても、少しは安心していられるのです。

私の息子は、中学校時代は部活に励んでおり、特に好きでもない英語は、本当に最小限の学校の勉強しかしていませんでした。もうこの年齢になると、親主導で英語の動画を見せることも不可能です。それでも、高校で留学をしたときには、英語のスピーキングはわずか３ヶ月で全く問題なくできるようになりました。「おやこえいご」恐るべし、です。

高校以降は、同年代に人気のYouTuberの英語動画をどんどん見るようになりました。

こんなふうに、**自分で英語の動画や記事を楽しみ、それが「娯楽」になれば、もう心配はいりません。**これで、「バイリンガル完成」です。

こういうふうに、「英語で読んで楽しむこと」「動画、音声などを英語で視聴して楽しむこと」こそが、本来の「多読」「多聴」なのです。学習目的ではなく、娯楽のために、楽しんで英語を読んだり聞いたりする――これができるようになれば、語学力は勝手にどんどん伸びていきます。「英語を身に付けるためには、多読をしなければ、多聴をしなければ」という態度で、英語の教材に向かい合うこととは少し違うのです。

そして、高校時代に留学するのがいい理由は、学校の勉強もさることながら、**同年代との友達付き合いを通して、互いに影響を与えあうことができることや、ともに英語を楽しむことができること**が大きいのです。

◉中学では文法理解を深め、音読をしよう

前置きが長くなりました。中学校・高校時代に「おやこえいご」にどのように取り組むか、ということについて話すのは、正直とても難しいです。子どもが自立していく時期であり、親が積極的に関わるのが大変難しいのは、ここまでお話ししてきたとおりです。それでも、あえて、親として気を付けておくといいことをあげてみましょう。

幼稚園に入る前に英語を始めて、そのまま順調に英語習得を進めることができた子どもたちにとっては、中学校で習う英語はとてもやさしく感じることでしょう。予習も復習もしなくても、問題ないはずです。

しかし、だからといってムダな時間ではありません。なぜなら、**中学の英語の授業は「日本語を使って、英語の仕組みを先生が説明してくれる」時間**だからです。これまで、なんとなく感覚的に理解していた英語の仕組みが理解できると、とても面白く感じることでしょう。ますます英語へのモチベーションが高まることもあるかもしれません。子どもたちが「中学校の英語が簡単すぎて面白くない!」と言ったとしたら、そのように説明して励ましてあげてくださいね。

反対に、これまであまり英語のインプットがなかった子どもが、いきなり英語のルールを理解しなければならないのは、なかなか大変なことです。こういうところに、中学英語の難しさがあると思わざるを得ません。

「おやこえいご」を順調に進めてきた子どもたちには、中学校の英語の時間を利用して、まずは「英語のルール（＝文法）」を理解するように努めてもらいましょう。そして、それが理解できたら、次は**「教科書の音読」をしっかり行うのがおすすめ**です。

できるだけ毎日、時間を決めて5〜10回は音読をしましょう。教科書の英文は短いですから、それくらいは10分もかからずにできるはずです。音読を繰り返すと、教科書の英文を全て覚えることができます。そうすれば、特に準備をしなくても、定期テストでは高得点が取れるでしょう。なにせ、丸暗記しているのですから。

「学校の英語、どうなの？」と子どもにたずねてみて、もしも子どもがアドバイスを受け入れるような状態であれば、ぜひ音読を勧めてあげてください。教科書の英文を読み上げた音声を録音したＣＤも販売されていますから、ぜひ手に入れておきましょう。もし、親の前で音読してくれるようなら、うんと褒めてあげましょう。

音読のメリットは、速読力が上がる、リスニング力が上がるなど、いろいろ言われているのですが、本当に効果的な「音読」というのは、文法をよく理解していないとできないものです。どういうことかというと、音読はただ声に出して英文を棒読みすればいいわけではありません。たとえば、文法的に不自然な位置にポーズを置かないように注意する必要があります。つまり、文法がわかっていて、文の構造を理解していないとスムーズな音読はできないのです。ですから、文法を習うタイミングで音読をすることは、英語の文法理解も深めることができます。

また、**英語は日本語に比べて「音で意味を伝える」比重が大きい言語**です。イントネーションの違いで、文の意味が変化したりもします。こうした英語の音の特徴を身に付けることは、英語を話すうえで非常に重要ですから、音読で慣れていけるとよいと思います。それも含めて、発音の練習ができるのも音読のメリットですね。

ちなみに、英語学習の方法としての「音読」は、第二次世界大戦の終わった直後から同時通訳として活躍し、後に国会議員になった國弘正雄氏によって定着しました。彼が、英語の学習法として「ただ、ひたすら音読をする」ことを提唱して、日本では「音読」が英語学習法の定番になったのです。現在でも、安河内哲也氏などが「音読」を第一の英語学習法としてあげています。実は、日本以外の国で、「音読」が外国語学習法としてここまで定着している例を、私はほとんど聞いたことがありません。そのように言うと、「音読」は日本特有のやり方にも感じますが、英語の達人と言われるような日本人は、必ず一度は「音読」という道を通っているようです。

「音読」の他にも、「リピーティング」や「シャドーイング」など、類似のやり方もいろいろ出てきています。最近では、実証研究により、それらの効果も証明されつつあるようです。音読は手軽に行うことができ、時間もかかりません。ぜひ、少しでも取り入れてみるとよいでしょう。

◉子どもに海外経験をプレゼントするために

できれば小学校高学年から中学生の間には、海外経験をさせてあげられるといいと思います。「英語は言語」だと理解するためには、海外経験が最も効果的だからです。それも、数日だけの旅行ではなく、親元を離れた数週間のホームステイなどがいいでしょう。

同年代の友達と英語でコミュニケーションを取ることで、「もっと聞きたい」「もっと話したい」という気持ちが起これば、**本当に生きた英語の習得**につながりやすくなります。しかも、現代はＳＮＳが発達していますから、ホームステイから帰国しても友達と連絡を取り続けることが容易です。英語を使ってメッセージを送り合ったり、チャットをしたりできる友達が得られるのは素晴らしいですよね。

「海外へ行ってみたい！」と自分から言い出す子もいますが、そんなことは全く思いつかない子も多いものです。我が家でも、娘は英語や海外にとても興味があり、自分から行きたがりましたが、息子は全く興味がありませんでした。お友達と遊んだり、ゲームをしたり、部活に励んだりと、楽しく過ごしており、海外に目を向けることはありませんでした。

そこで、我が家では「ホームステイ・キャンペーン」を繰り広げ、息子が小学生のうちから「中学生になったら、夏にはホームステイに行こうね」と声をかけていました。それでも本人はあまり気のりしない様子でした。息子のお友達である中学生男子たちは、海外に行きたいとは全く思っておらず、親が一生懸命になって勧めても拒否する子が多かったのです。そういう周りの友達の影響は大きいものです。息子も「みんな行かないのに、自分だけ行くなんて嫌だ」という気持ちがあったようです。

「お友達と同じがいい、一緒に遊びたい」という気持ちは、よく理解できます。そこに理解を示してあげることも大切なことだと思います。ですから私は、英語以外のところでは、できるだけ「お友達と一緒」という機会をたくさん作る努力をしました。そのうえで、「海外経験がいかに貴重なものであるか」「若い時期に冒険をすることがどんなに素敵なことなのか」、精いっぱい親の気持ちを伝えました。

「子どもが行きたいと言うなら、行かせてあげたい」とおっしゃる親御さんが多いのですが、私はこれに対しては少し違う考えを持っています。「本人の希望することをやらせる」という考えにも一理あるのですが、子どもというのは、馴染みのないことはやりたがらないもの。子どもにとっては、知らない環境に飛び込み、新しい経験をするのは怖いことです。

ですから、**親としては「行きたくないものは行かなくてよい」と最初からあきらめてしまうのではなく、ぜひ励ましてあげてほしい**のです。「新しい経験は怖いかもしれないけれど、思い切って飛び込んでみたらきっと楽しめるよ。すごく成長できるよ」と、応援してあげてください。

そのうえで、「どうしても行きたくない」と本人が言うのであれば、無理強いすることはよくありません。まだ時期が来ていないということなのでしょうから、次の機会を待つことです。その場合でも、決してあきらめることなく、折に触れて海外や英語について話し合うようにしましょう。

我が家の教育を振り返ってみると、子どもたちと本当にたくさん話し合ってきました。留学している間も含めて、一日に数時間話すことも珍しくありませんでした。子どもの意志や希望だけに任せるのではなく、子どもの意見によく耳を傾けながら、私も子どもの人生に積極的に関わったので、「親の価値観を押し付けすぎかな？」と悩んだこともありました。

でも今息子は、「英語ができるおかげで、いろいろな機会に恵まれる。英語ができて本当によかった」と感謝してくれています。親子で納得して進めていったさまざまな経験のおかげで、今では日本語と英語を自由自在に使いこなして、やりがいのある仕事に就いて力いっぱい頑張っています。

「結果オーライ」とはいえ、息子に感謝してもらえて、私は本当にほっとしています。どんなときでも、子どもとしっかり向き合い、親の思いを伝えつつも、子どもの意見を聞くことも忘れず、最終的には一緒に決定するように心がけてきたのがよかったのかな、と思っています。

「おやこえいご」のゴールは、子どもたちを幸せにすることです。それは、今この瞬間が楽しければいいという「刹那《せつな》的な幸せ」ではなく、子どもが親元を離れて、自分で人生の選択をしていくときに困らないための「長い目で見たときの幸せ」です。でも、私たち親が「将来子どものためになるはずだ」と思ってやることも、思春期真っ只中の子どもたちには全く響かなかったり、迷惑だと思われてしまったりします。親としてはジレンマがありますが、こればかりは仕方のないこと。どうか、そこで子どもを怒ったり、自分の価値観を一方的に押し付けたりはしないでほしいのです。

もちろん現実には、つい口を出してしまうことはあるでしょう。でも、子どもの「将来の幸せ」を考えるあまり、あなたの目の前にいるお子さんの「今の幸せ」を、完全に無視したり奪ったりしてしまうことには賛成できません。たとえ、子どもの「今の幸せ」を無下にして何かを得られたとしても、それは全く価値のないことです。

思春期というのは本当に難しいですね。どうか、**子どものコミュニケーションを第一**

にして、子どもも親も自分の気持ちを、お互いきちんと話せる環境を保つように心がけてください。親子間にそうした地盤がきちんと出来上がっていれば、つい言いすぎてしまったとしても、子どもはちゃんと親の気持ちを理解してくれることでしょう。

Column 3

英語以外の生活も充実させよう

3歳を過ぎると、日常生活において子どもが自立し始め、一緒に外出するのもぐんと楽になります。また、パパママなしの行動も可能になります。知的好奇心もどんどん強くなってきます。この時代には、英語以外にもたくさんの取り組みをさせてあげたいものです。

近所のお散歩でも、いろいろできることがあります。「春だから、虫が出てきたね」「梅雨に入ったね」「夏だから、朝早くカブトムシを採りに行こう」「秋だから、葉っぱが色づいてきたね」「どんぐりがたくさん落ちているね」「枯れ葉がたくさん落ちているね。そろそろ冬かな」「雪だるまを作ろうか」。毎日ではなくても、たまにはこのようなことを話しながら足を止めて虫を観察したり、葉っぱやどんぐりを拾ったりと、季節の変化に目を向けてみるといいでしょう。

そして、折々の行事は丁寧に行いたいところ。こどもの日、たなばた、お月見、クリスマス、お正月、ひな祭り。保育園や幼稚園でも行事はありますが、おうちでもパパママが言葉でいろいろ説明しながら、行事に親しませてあげてください。

我が家では、お月見のときには、毎年「お月見だんご」と称して白玉だんごを作ったものです。河原に出かけ、ススキを摘んできて飾ったのは楽しい思い出です。

そしてお正月には、一品でもいいから手作りのおせち料理を用意。他は買ってきてもいいですから、お料理の由来を説明してあげましょう。「お豆を食べるのは、マメに働けるように、という意味なのよ」「エビは、腰が曲がっているでしょう。腰が曲がるくらいまで長生きできるように、という意味なのよ」と。

こんなふうに、日常の中で教育的な配慮をすることで、子どもたちに楽しく豊かな生活を送らせてあげられるのです。「早期教育」なんていう大層なものではありません。ほんの少しの工夫でいいのです。ここでも、「ムリなく、ムダなく」ですね。

休日のお出かけでも、さまざまな体験をさせてあげましょう。海、山、川など、自然の中で思いっきり遊び、そこで見つかる生き物や植物の観察をする。博物館、科学館、動物園や水族館で新しい体験をしたり、コンサートやミュージカルで音楽や踊りを楽しんだりする。果物狩り、魚釣り、紅葉狩りで季節感を味わう。

子どもたちとのお出かけは、本当に楽しいですよね。毎週やみくもに出かける、というのではなく、準備や振り返りを含めて「体験」させることが大切です。たとえば、恐竜展に行くのであれば、あらかじめ恐竜の本を読んだり動画を見たりしておきます。そして、帰ってきてから同じ本や動画を見直せば理解も深まるでしょう。さらに、恐竜たちの絵を描いたり工作をしたりできれば、一つのお出かけからさまざまな体験が生まれるのです。

また、コンサートに行くと決まったら、演奏される音楽をあらかじめ聞いておくことができますね。私が子育てをしていたときは、夏休みなどに自治体が主催するコンサートで、大抵「ピーターと狼」が演奏されていたので、我が家では「ピーターと狼」のＣＤをよく聞かせていました。クリスマスには、定番のバレエ「くるみ割り人形」を毎年のように見に行きました。もちろん、その前後でＣＤを聞いたり、お話を読んだりする活動も楽しみました。有名バレエ団のパフォーマンスはもちろん素晴らしいけれど、地元の小さなバレエ団も「くるみ割り人形」はよく取り上げています。バレエ教室の発表会など身近なものでもいいのです。

こうした経験で大切なのは数ではありません。一つひとつの経験を充実させていくことで、本当に豊かな体験にすることができるのです。小学校に入る前の時期は、親子で何かを楽しむのに最適です。もちろん、小学生になっても親子で楽しむことは大切ですが、中学年、高学年と成長するうちに、今度は「仲間と過ごすこと」を楽しむようになってきます。そして、それは子どもたちにとって重要な発達です。ですから、「親より仲間を選ぶようになる」ときが来るまでは、子どもたちとの時間を思いっきり楽しみたいものですよね。

ぜひこの時期には、「親子で一緒にいろいろな体験をする」ことを大切にしてみてください。そして、英語への取り組みも、その一環であってほしいもの。できる範囲で構いませんから、英語のイベントに出かけたり、海外に遊びに行ってみたりと、親子で一緒に体験する楽しみを味わってみましょう。

Column 4

最近よく聞く「フォニックス」っていいの？

フォニックスは、英語圏の幼稚園や小学校で、子どもたちに**「英語をどうやって読むか」**を教えるために使われてきた訓練法です。つまり英語を「読む」ための訓練法で、発音などの音声教育とは基本的に無関係。それにもかかわらず、「フォニックスをやれば、英語の発音がきれいになる」と思っている方は非常に多いのです。

ネットなどでサッと調べると、「フォニックス＝英語の音とスペリングの関係のルール」と出てきます。これだけ聞くと、「このルールを学べば、発音が上達しそうだ」と思う気持ちも確かにわかります。そこで、私がフォニックスの説明をするならば、**「すでに知っている音」と「初めて習う文字」を結びつけて、自力で英語を読めるようにするための作業**、となります。「すでに知っている音」というところがキモなのです。

アメリカの幼稚園では、毎日子どもたちにフォニックスを教えています。まだまだ読み聞かせもしているけれど、子どもたちが少しずつ自力で英語を読めるようにするために練習させているのです。幼稚園児（アメリカなら5歳）であれば、もう英語の音はバッチリ頭に入っています。しかも、大人とも十分に会話ができます。そうした「英語の音に慣れる」という段階を十分にクリアし、今度は「英語を読む」という段階に来たとき、フォニックスが役に立つのです。つまり、**「英語の音に慣れる」段階の子どもたちには全く不要**なものなのです。ネイティブだってやっていないのですから。

少し具体的な話をすると、「英語の音に慣れる」というのは、sing, ring, wing, king などの単語を聞いて、「最初の音以外は同じだな」とわかるような段階です（これを、音韻《おんいん》認識といいます）。この段階に到達するのだって決して楽ではありません。何十回、何百回と繰り返し英語の音を聞かせることで、やっと理解していくのです。そして、フォニックスはその次の段階。sing, ring, wing, king という単語を、今度は「見て」、「同じ音が聞こえるところは、同じスペリングなんだな」ということに気付かせる、ということです。その規則を学ぶことで、初めて見た単語でも正しく読めるようになるのです。

英語を身に付けようとする日本の子どもたちにとって、まず大切なのは「英語の音」そのものをどんどん蓄えていくこと。スペリングに当てはめるのは、ずっと先でＯＫです。悲しいことに、日本の英語教育からは音声教育がスッポリと抜けてしまっています。つまり「発音」をきちんと学ぶ機会がないのです。そのため、音とスペリングを結びつけるフォニックスを特別視しがちなのかもしれませんが、実際は順番が逆なのです。幼児に必要なのは、フォニックスではなく、英語の音をしっかり身に付けることです。

最近では、フォニックスを開始する年齢がますます低くなってきているような気がして、危機感を覚えています。**子どもたちに必要なのは、まずは英語に触れて楽しむ、という「豊かな言語体験」です。**それを飛ばして、英語のルールを教えることで、英語がつまらないものになってしまっては本末転倒です。

英語のルールというのは、ある程度までは感覚的にわかってきて、その後に頭で理解するのが効果的です。文法も同じです。最初からルールを学ぶより、今まで感覚で使ってきた言葉に「こんなルールがあったんだ！」と後から知るほうが楽しいですし、理解しやすいのです。

私の教室では、生徒さんが幼稚園くらいの頃から、アルファベットの音に少しずつ慣らしていくことを始めます。発音を少しずつ教えるのは、小学校2年生くらいになってから。そして、フォニックスを本格的に身に付けるのはその後です。それより早い時期からフォニックスを始めることは「ムリムダ」が多いのです。「おやこえいご」の特徴でもありますが、子どもの発達段階に合った英語教育をすることで、「ムリなく、ムダなく」英語を習得していきましょう。

Chapter 6

「おやこえいご」のQ＆A

この章では、これまでに、パパママから寄せられた質問、そしてそれに対する私の回答を中心にお伝えしていきます。

Q

英語の語りかけに自信がない

発音に自信がないのですが、英語での語りかけはやらないほうがいいのでしょうか？

A

英語での語りかけについては、けっこう悩んでいる方が多いように思います。「せっかく英語教室で英語を使ったコミュニケーションをしたり、おうちで英語のインプットをしたりしているのだから、親子の会話にも少し英語を取り入れたほうがいいのではないか？　でも発音は？」と悩まれるのですね。

「英語は言語」だということを子どもに伝えるためには、英語の語りかけを多少取り入れることはよいでしょう。たとえば、"Hi, good morning! How are you?" とか "Time to get up!" などは、私も子どもたちに言っていました。これくらいの英語であれば、「ママの語りかけ＝英語のインプットの全て」にはなりませんから、発音の良し悪しはそこまで重要ではありません。

この便利な時代、「語りかけ　育児　効果的」といった検索ワードでネットで調べれば、「短い文章でわかりやすく」「子どもの興味に合わせて」「ゆっくり大きめの声で、赤ちゃんの言葉や擬音語、繰り返しを使う」などが出てきます。**子どもの言語発達には、自分の周りでの言語使用に触れているのに加え、直接、なるべく理解できるように語りかけられることが重要**なのですね。英語で語りかけをするときも同じことをすればいいわけです。

私も、レッスンでベビーに語りかけるときは「ゆっくり、はっきり、繰り返し」を心がけています。同じ表現を何度も繰り返し、少し定着してきたら別の表現を使う——たとえば、“Let's ...”が定着してきたら、今度は“Shall we ...”にする、といった具合です。たとえ、インターナショナルプリスクールに行っていても、こういう語りかけの仕方（ゆっくり、はっきり、繰り返し）をしてもらっていないと、なかなか英語（そもそも言葉）が出ないようです。インプットとしての動画等は、自然に話される英語のほうがいいのですが、子どもに語りかける際の英語は、**「ゆっくり、はっきり、繰り返し」**を心がけましょう。

ただ、英語での語りかけには注意してほしい点があります。一つ目は、**「パパママが心からの言葉を発すること」**です。たとえば、語りかけフレーズ集などを見ながら、パパママ自身あまりよくわかっていないフレーズを口にするのは、よい語りかけとは言えません。特に生まれたばかりの時期においては、ベビーとパパママがコミュニケーションを通して心を通わせることが大切です。ですから、シチュエーションに合った言葉で、パパママの心からの言葉を届けるようにしてください。どうも気が進まないというときや、パッと口から英語が出てこないときには、無理する必要はありません。

そして、二つ目の注意点は、**「英語で語りかけをするなら堂々と」**です。日本人の多くは、英語を話すことに照れてしまい、小声になってしまいがち。「気恥ずかしい」という気持ちはわかります。実は私も、アメリカに留学してしばらくは、ずっと恥ずかしい気持ちがありました。でもある日、英語も日本語と同じ「言葉」なんだ、と感覚的にわかったのです。言葉を話すのに恥ずかしがる必要なんてありませんよね。英語は日本語以上にイントネーションが重要な言語です。日本語に比べると、ずっとダイナミックに感じられるイントネーションで話すのが、恥ずかしいと感じることがあるかもしれませんが、これも慣れです。私のレッスンにいつも付き添ってこられるパパが、ごく自然に、"Have a seat!" なんてベビーに話しかけているのを聞くと、嬉しくなります。いつもレッスンで耳にするので、自然に口から出てくるようになるんですね。

また、子どもに話すとき特有の話し方というのはありますよね。少し大げさに言ったり、ゆっくり大きな声で話したりと、日本語なら自然にやっている話し方です。それが「英語」になった瞬間、恥ずかしくなってしまったり、英語への自信の無さからボソボソした小声になってしまったりする人が多いのです。でも、そんな不自然な語りかけになるくらいだったら、いっそやらないほうがいいでしょう。

子どもに対して難しい英語を話す必要はありません。シンプルなフレーズで構いませんから、まずは感情をたっぷり込めて"Good morning!"などと言ってみましょう。これくらい簡単な英語でいいのです。**語りかけのときは、コミュニケーションを楽しむ気持ちを忘れないようにしてください。**

Q

幼児英語のセット教材は買うべきか

幼児向けの英語のセット教材は、高額ですが英語イベントなどの特典も付いているし、小学校卒業まで使えるので魅力を感じます。効果は期待できるのでしょうか？

A

私は、「おやこえいご」のインプットでは、英語圏の子どもたちが楽しんでいるような動画や歌をおすすめしており、セット教材の購入には反対です。これは、私がセット教材への食わず嫌いをしているわけではありません。子育て当時は、仲良くしていた近所のお友達が、セット教材を貸してくれたことがあります。確かに、子どもはキャラクターや歌に食いついていましたし、私も今でも歌える曲があるほどです。ですから、そうした魅力を全否定する気はありません。

ただ、セット教材というのは、あくまで「教材」です。どういうことかというと、「①英語のスピードがゆっくり、②発音がハッキリクッキリ、③文法や単語が整理されている」といった特徴があるのです。英語を「勉強する」時期になれば、こうした教材の特徴はメリットになり得ると思います。でも、生まれたときから、これをかけ流しに使うというのは非常にもったいない。**自然な英語に無理なく馴染むことができるベビー期に、そんな人工的な英語教材をわざわざ聞かせる必要なんてない**のです。

現在では、歌も動画もYouTubeに無料のものがたくさんあります。英語圏の子どもたちが楽しむようなものを気軽に入手できるのですから、それらを利用しない手はありません。

そして、子どもがもう少し大きくなり、必要になったときに教材を検討すればよいのです。良質なシリーズ教材のなかには、1冊から購入できるものも多数あります。セット教材は、長く使えるのでお得だと思うかもしれませんが、中古教材がたくさん出回っていることからも、途中で続かなくなることが多いのがわかります。おうちで、親から子に何かを教えることは簡単なことではありません。続かなくなって、途中で挫折してしまうことも多いのです。教材を使って英語学習をする段階では、できれば教室や専門家の力を借りたほうが安心だと思います。これについては、第4章でも詳しく書いています。

最後に経済面です。セット教材のほとんどは高額です。第2章でも触れたことですが、英語教育ではお金の使いどきを見極めるのが大切。続けられるかどうかわからない高額なセット教材に、大きな投資をするのは危険だと思うのです。

セット教材のなかには、子どもたちのモチベーションを維持するために、さまざまなサービスが付いてくることも多いです。イベントに参加できたり、グッズがもらえたりしますが、これらは単発のものがほとんどです。なかには、会員になることで、定期的にイベントや英語キャンプに行けたり、なんなら海外ホームステイまでできたりするものもあるようです。しかし、会費やら毎回のイベントにかかる費用を考えれば、必ずしも「これらのサービス付きセット教材が、英語教室に通うより安い」とは言えませんよね。

それならば、子どもが飽きてしまうリスクのあるセット教材を買うよりも、「おやこえいご」で英語に取り組むほうが経済的にも安心ではないでしょうか。おうちでは、無料の動画を見ながらインプットをし、週1回の英語教室でコミュニケーションを楽しむのがベスト。**英語は、何より継続することが大切です。経済面でも「ムリなく、ムダなく」、長く続けられる工夫をしていきましょう。**

Q

英語は幼稚園からでは手遅れなのか

子どもはすでに幼稚園の年齢になっているのですが、今から英語を始めても手遅れでしょうか？

A

手遅れではありません。学ぶのに「遅すぎる」ということなどないのです。それに、幼稚園生で英語スタートというのは、一般的に考えたらむしろ早いほうでしょう。ただ、私の提唱する「ムリなく、ムダなく、親子のふれあいを楽しみながら英語に親しむ」方法は、幼稚園生には難しいかもしれません。幼稚園生にもなると、すでに日本語がかなり身に付いています。そうなると、英語よりも日本語で遊ぶほうがずっと楽しいですし、意味のわからない英語が話されることに不安を感じる場合もあります。

もちろん、幼稚園生から始めても、比較的スムーズに英語に馴染む子もいます。その場合は、親子で一緒に動画を見たり、歌や絵本を楽しんだりするなど、「おやこえいご」で勧めているやり方ができると思います。

しかし、これは個人差が大きいものです。もし、**お子さんが「英語は嫌だ！」と激しく抵**

抗する場合には、無理は禁物です。無理をさせると、さらに英語嫌いになってしまいます。小学生くらいになってから「英語を学習する」タイプの取り組みがいい場合もあるでしょう。ただ、すぐにあきらめてしまうのも惜しい。さじ加減が難しいところですが、参考までに幼稚園から英語を始め、うまくいっているケースを紹介しましょう。

それは、私の教室の生徒さんで、英語をスタートしたのは幼稚園の年中さんのとき。「英語は嫌だ！」とかなり抵抗がありました。でも、ママも英語学習者で、日頃から自分の勉強のために動画を見ていました。そこに、子ども用の動画を加えたのです。

子どもが嫌がっても、「ママが英語を勉強したいから見てるの。15分だけ一緒に見ない？その後、日本語のビデオを見よう！」と、とても上手に誘導していました。現在その子は小学校低学年ですが、英語がかなりできるようになっています。

いずれにせよ、**英語を始めるのに「遅すぎる」ということはない**のです。ただ、年齢が上がれば上がるほど、個人差は大きくなっていきます。それに、年齢や発達によって効率のよい取り組み方は変わります。それらを考慮して、適切な取り組み方を見つけ「ムリなく、ムダなく」やっていきましょう。

Q 子どもがなかなか英語を話さない

「おうち英語」を実践していますが、子どもたちがいつまでも英語を話し始めません。どうしたら、英語を話し始めますか？

A

これは、「インプットが足りないから」です。**インプットが十分たまってくれば、子どもは必ず英語を口にします。**ただ、インプットの量や質により、その形はいろいろです。英語の音らしきものだったり、単語だったり文だったりします。

いずれにせよ、インプットさえたまれば、必ず何らかの形でアウトプットしようとするのが子どもです。私は、ちびっこバイリンガルに育てるつもりはなかったので、自分の子どもたちに英語で日常的に話しかけたわけでもないし、英語のアウトプットがあろうとなかろうと気にしていませんでしたが、それでも、どんどん、英語を口から発するようになっていきました。「英語をしゃべれる」というところまではいかないまでも、単語でも短いフレーズでも、なんでも使って表現しようとしたり、英語を口にするのに臆するところがありませんでした。たくさんインプットができている子は、必ずアウトプットがあります。

教室の子どもたちを見ていてもそれは明らかです。

私の提唱する「おやこえいご」は、インプットによって英語習得の助走をすることが目的ですから、アウトプットがなくても気にしません。ただ**「良質なインプットをより多く」**を目標にインプットを続けていってください。継続して行うことが大切です。そうすれば、そのうち必ず英語が出てきます。個人差がありますから、「あの子のほうがたくさん英語を話してる！」などと気にすることはありません。**その子のペースでいいのです。**とにかく、「ゴールは18歳」です。

Q オンライン英会話の始めどき

幼児向けのオンライン英会話は増えていますが、何歳頃から始めるのがよいでしょうか？

A 最近では、英語学習にオンライン英会話を取り入れることが増えてきました。外出することなく、手軽にオンラインでレッスンを受けられ、しかも価格も安いのですから、受けない手はないでしょう。「おやこえいご」にも、うまく取り入れたいものですね。しかし、**2歳にもならないような幼い時期には、オンライン英会話はあまりふさわしくありません。**クール博士の研究結果でも明らかだったように、子どもたちには「直接のコミュニケーション」が大切だとわかっているのですから。

それ以降であれば、何歳でも特に問題はないでしょう。オンライン英会話は貴重なアウトプットの機会になりますから、子どもが嫌がらず、楽しくコミュニケーションできているようなら、うまく活用していきましょう。特に、お子さんが自分から先生にどんどん話を振っていく積極性があれば、よい経験となるでしょう。ただ、お子さんが嫌がっているのに、無理にやらせる必要はありません。子どものうちは、やはりインプットが優先ですから。

きちんとインプットを確保したうえで、お子さんが積極的にコミュニケーションを楽しみたいようであれば利用する、という位置づけが好ましいでしょう。

Q

英検などを目標にすることについて

小学生で英検を取っている子もいると聞きますが、子どもの英語力を確認するために、英検取得などを目標にしたほうがいいのでしょうか？

A

「英検を受けるな」というわけではありませんし、「目標」にはスコアや資格を示すこともやむを得ないと思います。ただ、こうしたやり方に走ると、「本来の英語力」と「試験での高得点」を混同してしまう危険がありますので、注意してください。特に親御さんが結果を焦ってしまうと、試験に受かるために必要な英語を優先するようになってしまう可能性が高いのです。試験の結果にとらわれると、つい試験対策に走ってしまいます。

そして、試験対策で身に付けた力は、英語の実力とは異なるものかもしれません。

英語を本当に使える言語として身に付けるには、試験そのものが目的になってしまうのは良くないということです。大人になれば、大学入試までに英検を取っていたいとか、就職活動までにＴＯＥＩＣのスコアが必要だとか、試験に迫られる環境が増えていきます。でも、子どもの段階では、あえて試験を意識する必要はないでしょう。

もし英検を受けてみたい場合、何人かの児童英語教室の先生からは**「小学校６年生までに英検３級を取らせることが目標」**だと聞いたことがあります。これは、かなり現実的な目標だと思います。コツコツ学習を積み上げていけば、無理なく到達できるレベル、しかも英語の基礎がなんとなくわかっているレベルであろうと思います。ちなみに、英検２級は高校卒業レベルということになっており、一般常識や時事問題の知識も多少は必要です。そのため、英語ネイティブの小学生が受けたとしても、３級や準２級は確実に受かるでしょうが、２級からはそうはいかないでしょう。

試験で測る必要はありませんが、英語力の目安として、中学生の段階で**「英語の理解力が十分に備わっており、発信力を鍛え始めることができる状態」**を目指したいところです。英語の「理解力」というのは、英語を聞いたり読んだりして、なんとなく意味がわかる力で、「発信力」とは自分の言いたいことを英語で話したり書いたりする力です。つまり、**「英語のアウトプットを始めるために、インプットが十分に備わっている状態」が理想です。**

おわりに

中学校1年生での英語との出会いから、既に40数年が過ぎました。こんなに英語と深く関わりあう人生を送ることになろうとは、想像だにしていませんでした。

夢中になって英語に取り組んだ学生時代、幸運にもアメリカ留学のチャンスが回ってきました。それからは、アルバイトも含めて、「英語を教える」以外の仕事をほとんどしたことがないのです。大手英会話学校、大手児童英語教室、中学、高校、大学、大学院、とさまざまな場で英語教育に関わってきました。

そして、語学学習の想像以上の難しさに触れることになりました。

特に、英語の知識は十分あるのに、アウトプットに生かせず、英会話がままならない方が思いのほか多いことに驚きました。どうしてこうなってしまうのだろう？

私の答えは「英語が、勉強の対象になってしまっていて、コトバとして使えていないのではないか？」ということでした。

反対に、外交的で、おしゃべり好きだと、英語の知識は乏しいのにもかかわらず、バリバリ英語でコミュニケーションを取れる方もいます。

「コミュニケーション能力の育成」が、国を挙げての英語教育の目的となっている昨今。皆が皆、外交的、おしゃべり好きになることが求められているのでしょうか。

静かな人、恥ずかしがりやの人、口数の多くない人。色々な人がいますよね。
あなたはあなたのままで、いいはずです。
わたしはわたしのままで、いいはずです。

私もやっと、私のままで英語を話せるようになりました。こんなに英語好きな私でも、多くの手間と時間がかかりました。
あなたにも、あなたのままで、あなたの英語で話せるようになってほしい。それも、私より少ない手間と時間でそうなってほしい。そのために、「英語はコトバ」と認識してもらいたい。できるだけ早い段階で、認識してもらいたい。「英語＝勉強」にしてほしくない。

日常的に英語を使う環境が周りにない日本で、それを実現するには、どうしたらいいのか？　特別な環境、資金力、労力、を必要としないで皆に届けられる方法はないか？

そんな思いで、今日までやってきました。

私の思いは変わりません。

全ての子どもたちが、英語との幸せな出会いに恵まれますように。

香港理工大学中国語、バイリンガル学科教授のDavid CS Li先生は、著書“Multilingual Hong Kong: Languages, Literacies and Identities”(2017, Springer)の中で、パトリシア・クール氏を始めとする発達心理学・脳科学の最新の知見を引用し、語学における早期教育の重要性を強調しています。そして、学校教育においては、4歳から8歳を重要視するのが効率的であると述べています。本書の執筆中に、先生から直接個人的に話を聞く機会がありました。広東語が母語の香港人ですが、英語、北京語、さらにフランス語ドイツ語も堪能という先生が早期教育を肯定的にとらえていることは、大変励みになりました。

これまで「おやこえいごくらぶ」に関わってくれた子どもたち、パパやママ、そして頼もしいパートナーであるじゅんこ先生。皆様のご協力がなかったら、この本はできませんでした。心からお礼を申し上げます。

私の2人の子どもたち、愛子と英雄。実験的な子育てに付き合ってくれてありがとう。

そして、敏腕編集者のタニケイこと谷口恵子さん。タニケイさんの頼もしいリードがなかったら、書き上げることはできなかったでしょう。


令和の幕開けに、こんな本を出して頂けるなんて、望外の幸せです。

ありがとうございました。

2019年5月　小田せつこ

Appendix

ここでは、月齢別、年齢別のおすすめの歌やライムを掲載しています。
以下のURLから動画も見られますので、参考にしてくださいね。

URL　http://pbook.info/oyakoeigo

【～4ヶ月】

1 This Little Pig Went to Market　五匹のブタちゃんのライム

5本の指をブタちゃんに見立てて、1本ずつ軽くつまみながら。

【歌詞】
This little piggy went to market
This little piggy stayed at home
This little piggy had roast beef
This little piggy had none
And this little piggy cried wee wee wee wee wee
all the way home

2 Tommy Thumb　親指トミーさん

それぞれの手の指をつまみながら。

【歌詞】
Tommy Thumb, Tommy Thumb, where are you?
Here I am, here I am, how do you do?
Peter Pointer, Peter Pointer, where are you?
Here I am, here I am, how do you do?
Toby Tall, Toby Tall, where are you?
Here I am, here I am, how do you do?
Ruby Ring, Ruby Ring, where are you?
Here I am, here I am, how do you do?
Baby small, baby small, where are you?
Here I am, here I am, how do you do?

3 Pat-a-cake　ケーキをこねて

ケーキを焼く動作をしながら。

【歌詞】
Pat-a-cake, pat-a-cake, baker's man,
Bake me a cake as fast as you can
Pat it and prick it and mark it with a "B"
Throw it in the oven for baby and me!

4 Humpty Dumpty　ハンプティ・ダンプティ

・抱っこしてゆらしてあげながら。
・fall というところで抱っこしたままちょっとだけ下に降ろしてあげる。

【歌詞】
Humpty Dumpty sat on a wall,
Humpty Dumpty had a great fall
All the king's horses and all the king's men
couldn't put Humpty together again

5 Rock-a-Bye Baby　木の枝に吊るされたゆりかご

・抱っこしてゆらしてあげながら。
・fall というところで抱っこしたままちょっとだけ下に降ろしてあげる。

【歌詞】
Rock a bye baby on the tree top
When the wind blows, the cradle will rock
When the bough breaks, the cradle will fall
and down will come baby, cradle and all

6 Walking Walking

おむつ替えのときに、両方の足首をつかんで、歩くような感じで動かしてあげる。

【歌詞】
Walking, walking, walking, walking,
Hop, hop, hop, hop, hop, hop,
Running, running, running, running, running, running,
Now let's stop
Now let's stop

【5～8ヶ月】

7 A Smooth Road

おひざの上で段々激しく揺らしていって、最後はママのおひざの間にドーン！

【歌詞】
A smooth road, a smooth road, a smooth road, a smooth road,
A bumpy road, a bumpy road, a bumpy road, a bumpy road,
A rough road, a rough road, a rough road, a rough road, Ahhhhhh Bump!

8 Trot Trot to Boston　ボストンへお馬に乗っていこう

ずっとおひざで揺らしながら、最後はひざの間にドーン！

【歌詞】
Trot, trot to Boston town to get a stick of candy,
One for you and one for me, and one for Dickey Dandy!

9 This is the Way the Ladies Ride　お馬の歌

ladies, gentlemen, farmers... とだんだん激しく揺らしていく。

【歌詞】
This is the way the ladies ride
Jiggity jog, jiggity jog
This is the way the ladies ride
Jiggity, jiggity jog!
This is the way the gentlemen ride
Gallop and trot, gallop and trot
This is the way the gentlemen ride
Gallop and gallop and trot!
This is the way the farmers ride
Hobbledy hoy, hobbledy hoy
This is the way the farmers ride
Hobbledy, hobbledy hoy!

10 Tick tock tick tock, I'm a little cuckoo clock

・おひざのベビーを時計の針に見立てて、左右に揺らすタイプの歌
・チックタックと歌いながら、左右に身体を揺らす。
・最後は、ベビーを持ち上げて Coo coo! と鳩時計みたいに。
・two o'clock, three o'clock... と続けていく。

【歌詞】
Tick, tock, tick, tock,
I'm a little coo coo clock,
Tick, tock, tick, tock,
Now I'm striking one o'clock,
Coo coo!

11 Clap Your Hands

Clapのときは手を叩きながら。Rollのときは手をぐるぐる回しながら。
Shakeのときは手をゆらゆらしながら。

【歌詞】
Clap, clap, clap your hands as slowly as you can
Clap, clap, clap your hands as quickly as you can
Roll, roll, roll your hands as slowly as you can
Roll, roll, roll your hands as quickly as you can
Shake, shake, shake your hands as slowly as you can
Shake, shake, shake your hands as quickly as you can

12 Open Shut them

手をひらいて、とじて、の手遊びをしながら。

【歌詞】
Open, shut them, open, shut them,
Give a little clap, clap, clap
Open, shut them, open, shut them,
Put them in your lap, lap, lap

【9ヶ月〜1歳半】

13 Here We Go Up, Up, Up!

たかい、たかいをしたり、ちょっと振り回すような動きをしたりしながら。

【歌詞】
Here we go up, up, up,
Here we go down, down, down,
Here we go forward
Here we go backward
Here we go all around

14 Walking Walking

歩いて、飛び跳ねて、楽しみながら。
1行目をJumpingやHoppingに変えて続けていく。

【歌詞】
Walking, walking, walking, walking,
Hop, hop, hop, hop, hop, hop,
Running, running, running, running, running, running,
Now let's stop
Now let's stop

15 Ring around the Rosy

・最後のfall down で、床にしゃがみこむ。
・数人で遊べると、とても盛り上がって楽しい。
・Ring around the rosyの部分を、Skip around the rosyに変えてスキップをしたり、Jump around the rosy で飛び跳ねたり、Tip-toe around the rosy でつま先立ちで歩いたり、いろいろバリエーションを楽しむ。

【歌詞】
Ring around the rosy
A pocket full of posy
Ashes, ashes,
We all fall down!

Appendix

付録

［著者］

小田 せつこ

1962年神戸市生まれ。ミュージシャンの父の影響で洋楽を聞いて育つ。子どもの時から英語、特に発音に強い関心を持ち、発音を聞き分けたり真似たりする方法を独自に研究していたほど。のちに英語音声学を学び、自分が手探りで研究していたことが学問として体系立てられていたことに衝撃を受け、ますます発音に強い関心を持つようになる。

大学4年の夏に結婚し卒業と同時に家庭に入るも、子どもの小学校入学を機に学習意欲が再燃。大学院に進学し、関東の中学、高校、専門学校、大学で教鞭をとる。現在は、愛知県の金城学院大学人間科学部子ども教育学科教授。中学校、小学校の英語教育を志す学生を指導中。

日常生活に自然に英語を取り込むことで、娘を英語優位、息子を日本語優位の日英バイリンガルに育てる。この方法を再現した0歳からの英語教室「おやこえいごくらぶ」も主宰。一時期は幼稚園教諭を目指したほど子どもが好きなため、乳幼児に教えることにも喜びとやりがいを感じている。

【学歴】

東京女子大学文理学部英米文学科卒。3年次に、アメリカ・ロサンジェルスのスクリプス・カレッジに1年間留学（全額奨学金受給）

コロンビア大学ティーチャーズカレッジ MA in TESOL（英語教育学修士）

大阪大学言語文化研究科博士後期課程満期退学。

【保有資格】

英検一級2回合格（優良賞受賞）

TOEIC 975点（一度のみ受験）

TOEFL 109点（一度のみ受験）

子どもの未来を広げる「おやこえいご」
バイリンガルを育てる幼児英語メソッド

2019年5月15日　第1刷発行
2020年2月1日　第2刷発行

著者　小田 せつこ

[制作]
編集　谷口 恵子 / 玉村 優香
表紙　藤原 夕貴
ブックデザイン　有限会社北路社
校正　株式会社ぷれす
印刷・製本　中央精版印刷株式会社

[発行情報]
発行人　谷口 一真
発行所　プチ・レトル株式会社
115-0044 東京都北区赤羽南2-6-6
スカイブリッジビル地下1階
TEL:03-4291-3077　FAX:03-4496-4128
Mail:book@petite-lettre.com
http://petite-lettre.com

petite lettre プチ・レトル

ISBN 978-4-907278-71-7